「解釈のズレ」に気付けば、問題の9割は解決する

できる人は主観より事実で考える

城ノ石ゆかり
Yukari Jounoseki

清談社
Publico

はじめに

なぜ、私はコンサルティングで「解釈」にフォーカスするのか？

問題の原因は「解釈のズレ」が生んだ「感情」にある

弊社のクライアントに、若くして経営者となった有能な社長さんがいます。

事業規模は大きくないものの、彼は創業から着々と売上を伸ばして盤石の経営をしていました。とても意欲的でパワフルな印象がある男性です。

そんな彼が弊社の講座を受講した理由が、ちょっと意外でした。

「このままだと、社員はきっといなくなってしまう」

話を聞いてみると、彼は会社どころか、自分の家庭まで崩壊してしまうのではないかという恐れも抱いていました。どうやら彼は、自分に意見や提案をしてくる人に対して、つい感情的に批判をしてしまっていたようです。

社員が業務の改善点を提案してきたり、自分と違う意見を伝えてきたりすると、なぜか怒りが湧いて、過剰に批判したくなるといいます。そして、感情的になったあとには、必ず「どうして、あんなに強く批判してしまったんだろう……」と後悔にさいなまれていたそうです。

彼は以前から妻や子どもからも「パパは人の話を聞かない」と言われていました。

現状に不安を抱いた社長さんは、自分の「人の話を聞くスキル」や「感情を制御するスキル」に欠陥があるのではないかと考えたのです。

行動的な彼は、さっそく「話を聞く技術」を学びに行き、「怒らない」自分になるためのワークに取り組んだりしたそうです。

でも、結果はどうも腑《ふ》に落ちません。よくなるどころか、ついに会社にも行きたくなくなってしまい、この状況をどうにかしなければと、弊社の講座を訪ねてくださいました。

この社長さんは本来、若くして成功した優秀な方です。話を聞く技術など、なんらかのスキルが足りないから現実に問題が起きていたわけではありません。

本当の問題は、そんな彼に制御できないほどの怒りが湧いていたことです。

講座でその理由を丁寧に探ってみたところ、あることがわかりました。

彼は社員たちの提案や意見を、なぜか、すべて「自分自身を否定する言葉」として受け取ってしまっていたのです。

そもそも、彼が起業した原動力は、「人に認められたい」といった強い欲求だったようです。表面上は活動的に見えても、その内側には自己肯定感や自己愛が低く、等身大の自分に「このままではダメだ」と、いつもダメ出しをしている自分がいました。

彼は、きっと「周囲に認められる」ことで自分をなんとか支えながら、これまでの人生をやってきたのです。

「そのままの自分ではまずい」と思っている人は、そんな自分の支えとなるものを危うくするような他人の言動に対して、反射的に強烈な怒りを覚えてしまうことがあります。

これは、ある意味、自然なことかもしれません。

社長さんは、「認められること」ただその一点で自分を支えているのに、その一点を失ってしまったら……と考えれば、瞬間的に恐れと怒りが湧いてくる心理もわかる気がします。

「好きな仕事を選びたい」という考え方を持っている人を、「そんな甘えた考え方では生きていけない」などと感情的に批判する人がいます。

これと同じように、「○○でなければダメ」というネガティブ・モチベーションにもとづいて行動している現代人は、じつは少なくありません。

彼らの頭のなかには、「こうしないとまずいぞ」「ちゃんとしないと失敗するぞ」など自分を脅すような何者かの声が、つねにこだましています。

こういった人は、仕事に対しても、「こうしなければならない」というネガティブなモチベーションを使うので、心身に過剰な力が入ります。見た目は元気そうでも、本人は、いつもゆっくりできなかったり、落ち着かない感覚がつきまとっていたりします。

早期リタイアや投資生活、インフルエンサーなどが近年注目されるのは、こういったネガティブ・モチベーションの苦しみから逃れたい現代人が、それだけ多いことの証左なのかもしれません。そういった人々にとって、コツコツと地道に働き続ける人生は苦しみそのもの。だから、頑張って早く稼いで南の島に住もうとか、働かない生活といったマインドセットのもと、ネガティブ・モチベーションの苦しさから逃れようとするのです。

でも、本当の意味で人生がうまくいっている人や心の満足感を得ている人は、「人から認められなければ」とか、「お金さえあれば」といった考え方はしません。

彼らは、失敗したとしても、「そんな自分はダメだ」などと自分を責めすぎたりせず、**「次はこうやったらいいかも」**とか、**「このやり方のほうが楽しそうだ」などと工《く》夫《ふう》をしながら、自分ができることを少しずつ積み重ねていく**という、自分なりの生き方をしています。

できない、失敗するかもしれない自分を受け入れているから、挑戦もできるし、肩の力もいい感じに抜けています。少しずつ積み重ねて前進していくというプロセスそのものにおもしろさや喜びを感じているので、それを味わいながら着実に成長していくことができ、結果的に、欲しいものを手に入れたり、成功をつかんだりしやすいといえます。

両者の違いは何かというと、**「解釈」に幅があるかどうか**です。

何かに挑戦するとき、「やるからには、失敗してはダメだ」と意気込むのと、「失敗してもいいから、やろう」という気持ちで臨むのとでは、心の余裕や結果の受け止め方にも、ずいぶん差が出てくると思いませんか？

これは、「失敗すること」についての「解釈」の違いです。後者は**「解釈の幅」が広いから、選べる生き方もより幅広いような感じがするのです。**

冒頭の社長さんが感情的になった根本的な理由は、社員の提案を自己批判として受け取ってしまう「解釈の偏り」にありました。

彼は講座を進めるなかで、そんな自分の解釈こそ不自然だったと気づけたのです。認められないことを無意識に恐れていた自分を意識化したら、そこからだんだん「社員は自分を否定しているわけではない」といった別の解釈を採用できるようになっていきました。

次第に会社に行くことへの抵抗感も薄れ、社員の意見や提案にもＯＫが出せるようになったのです。その後、会社の業績は飛躍的に伸びました。

「解釈のズレ」を見える化する「ペンタゴンワーク」

現代は予測不可能な時代といわれています。

だからこそ、問題解決のスキル以前に、**「本当の問題はどこにあるか」といった課題の見立てや、仮説を立てられる観察眼、常識や経験からのバイアスをかけずに事実をありのままに見る力といったものが大切になってきます。**

社長さんの例でいうと、「聞く力がないから」「感情を抑える力がなかったから」という課題の見立てが間違っていました。だから、どれだけスキルを学んだところで、事態の解決にはいたらなかったのです。

問題の原因を見きわめるための有効な仮説を立てようと思ったら、**「事実」と「解**

釈」を分けて考えることが大切です。しかし、「事実」と「解釈」を分けて考えることは、思っている以上に難しいのです。そこで、出来事を多方面から解釈してみる「幅」を広げるだけでも十分な効果が得られることがわかってきました。出来事に対する解釈の幅が広がると、偏った仮説に縛られて、やる必要がない努力をすることも避けられます。

こういう見方もできるし、ああいう見方もできるといったふうに解釈の幅を広げれば、「こうしなければダメだ」と自分を追い込むことなく、落ち着いて、主体的に課題を選び直すこともできるでしょう。

社長さんの変化のきっかけになったのが、本書でご紹介している**「ペンタゴンワーク」**や**「脳の整理法」**など解釈の幅を広げるために効果的なワークでした。

とくに、ひとつの問題について、5つの立場から、さまざまな解釈を探ることができるペンタゴンワークは、解釈や思考の幅を広げるために有効なツールとして、私自身が考案したものです。

最大のポイントは、**他者のアシストを必要とせず、自分ひとりで「解釈の幅」を広**

げるトレーニングが気楽にできるということです。

弊社の講座でもよく使っていますが、いざ実践してみると、自分のなかに、いかに多くの「声」が存在しているかに気づき、驚く方が少なくありません。

ワークによってあぶり出されたいくつかの声（解釈）のなかから新たな気づきを得て、自分が本当に選びたいこと、心地よいと感じるものを選択し、主体的に選ぶ力をつけていく。本書は、そのようなトレーニングを、ご自身で実践できる力が身につくように構成しています。

解釈を意識的に選ぶ力は、いうなれば、**「自分の人生を自分で選んでいく力」**そのものです。

自分にＯＫを出す、自分自身を生きるといった言葉をよく耳にする時代ですが、本書でお伝えしているペンタゴンワークは、その具体的なアクションを起こすきっかけになると思います。

「解釈」が変わると、あなたの世界が一気に変わる

解釈を自分で選んでいるつもりでも、実際のところは、世間の常識とか、誰かの意見を妄信しているだけというケースは少なくありません。

たとえば、「仕事はつらいもの」「人生はつらいもの」と教える親や大人のもとで育つと、「仕事はつらくて大変で当然だ」といった解釈を無意識に受け入れ、仕事の喜びを感じないまま働くことを「しかたない」と受け入れてしまう大人になるかもしれません。

でも、**違う解釈が加わり、解釈が変われば、世界は変わって見えます。**

その事例のひとつが、『10秒の壁』という話です。

１９８３年、オリンピック・金メダリストのカール・ルイス選手が９秒97を記録するまで、人間が平地の競技会で１００メートルを10秒以内で走ることは不可能だろうといわれていました。これが、世界中の人々の共通認識としての「解釈」だったわけ

です。

しかし、カール・ルイス選手が人類史上初めて平地での競技会で10秒の壁を破ると、その2カ月後にはカルヴィン・スミス選手が、翌年にはメル・ラッタニー選手が10秒を切る成績を残しました。

ひとりが10秒を切ったとたんに、その他の選手たちも次々と10秒を切れるようになったのです。このとき、選手たちのなかで、「100メートルを走ること」についての解釈の幅が広がったのだと私は思います。

解釈の変化は、続く選手たちにとって、「俺もやれるかもしれない」といった意欲の源泉になったはずです。この意欲こそ、行動を促し、よりよい結果を導く原動力となるものです。

ですから、もし、あなたが、いま、何かに対して意欲が湧かなかったり、問題が解決できないと感じていたりするなら、**その出来事とあなたの能力には、あまり関係がない**かもしれません。

出来事を解釈するときの幅が、ちょっと狭いだけ。そんなふうに考えることもできるのです。

そのときに、本書の「ペンタゴンワーク」を活用していただけたらうれしいです。やってみた結果、もし、あなたが、これまで狭い解釈のなかで生きてきたことに気づいたら、それは、とても苦しく、大変なことだったと思います。

自分が、いかに不自由ななかで、遠回りの頑張りを続けてきたか。

過去の自分が否定されてしまうような、そんな深い後悔から、「解釈の幅なんて、しょせん言い訳なのではないか？」といった反発心さえ生じることもあるでしょう。

しかし、**自分に都合のいい言い訳を選ぶことさえ、私はアリだと思っています。**人生に失敗はつきものですし、問題から逃げたくなるときだって、あるのが自然です。

もしかしたら、何も気づかなかったふりをして、親や世間に与えられた刷り込みを採用して生き続けたほうが、ずっと楽かもしれません。でも、それすらも、自分の解釈にもとづく選択なのです。

間違いとわかったら、選び直せばいいだけです。

間違えない選択ができるような成功の域は、間違いを繰り返した経験の先にしかありません。

それに、自分にフィットしそうな解釈を選んでいくうちに、あなたは選択すること自体がうまくなっていくはずです。

あなた自身を生きることが、うまくなっていくのです。

偏った解釈に縛られている自分に気づき、解釈を広げ、幅広い解釈のなかから、自分が心地よいことを、つねに落ち着いて選択できるようになることが、この本の狙いです。

それができるようになるとき、自己愛は深まります。

いまよりもっと自由に生きる自信が湧き、そんな自分を誇らしく感じていることにお気づきになるでしょう。

人生に遅いといったことはありません。気づいたときがタイミング。

では、さっそく始めていきましょう。

「解釈のズレ」に気付けば、問題の9割は解決する　目次

第1章

問題の原因は「解釈」が9割

第2章

「解釈のズレ」をコントロールする思考術

第3章

「解釈のクセ」に気づく「脳の整理法」

第4章

「解釈の幅」を広げる「ペンタゴンワーク」

第5章 「解釈」と「事実」のズレを見直す「振り返りワーク」

第6章 目標達成にも効く「ペンタゴンワーク」活用術

付録 「ペンタゴンワーク」実例集

第1章

問題の原因は「解釈」が9割

「解釈」とは「事実を自分にどう説明したか」

私たちが毎分、毎秒感じている喜怒哀楽の「感情」は、何をきっかけに湧いてくるのでしょう。

目の前で起きている出来事？

隣にいる誰かの言葉？

それらは、たしかに感情を起こすきっかけにはなりますが、起きた出来事について「どう感じるか」は、じつは私たち自身が選択しています。

足元にじゃれてくる犬を想像してみてください。この犬を「かわいい」と思う人もいれば、犬が苦手だから「怖い」と感じる人もいるでしょう。

つまり、同じ出来事に対しても、人によって抱く感情はさまざまです。**出来事が起こったときに「どう感じるか」は、出来事ではなく、その人の内側にある何かが決めているからです。**

それこそが、本書のメインテーマである「解釈」です。

私たちは、起きた出来事によってダイレクトに感情が呼び起こされていると捉えがちですが、感情が生まれる過程には、その人なりの解釈というフィルターが必ず機能しています。

「起こった出来事を、自分にどう説明したか？」が解釈なら、感情は解釈の結果として生まれたものです。

ネガティブな感情が湧くのは、出来事に対してネガティブな解釈をしたからです。感情は、ただ自然に湧き起こっている反応ではなく、じつは解釈を通してみずから選択しているものだと捉えることもできるのです。

そして、**この解釈と実際に起こった出来事＝事実にズレがあるとき、人生には不具合が起こりやすくなります。**

私たちが一生で経験するトラブルの大半は、事実と解釈の差異から生まれるといってもいいくらいです。

・毎回、同じような課題でつまずく。どうしても突破できない壁がある。
・似たようなタイプのイヤな人が、人生に何度も登場する。
・なぜか、いつもお金に苦労している。
・いつも恋人から振られたり、浮気されたりしてしまう。

このような、人生で繰り返し起こるトラブルや、いつも心のどこかにある気がかり、解決しようともがくほど深刻化してしまう問題には、特定の解釈のパターンが必ずといっていいほどからんでいます。

問題に対する見立て、つまり解釈がズレていて、そのズレた解釈を採用し続けているから、「努力しているのに報われない」といった問題が繰り返されている可能性があるのです。

こういった問題は、本人が無自覚なうちに慢性的なストレスとなって、私たちの日常に無視できない負荷を加えてきます。そして、長い時間をかけて、当人から心身のエネルギーをジワリジワリと奪っていくのです。

そこで、こんなふうに考えてみるのはどうでしょうか。

どんな出来事や人間関係においても、それについて「どう感じるか？」の始まりが自分の解釈なら、あなたがいま問題だと感じているイヤな現実も、あなたの解釈が生み出している可能性は大いにあるはずです。

別の言い方をするなら、**あなたがいま「問題」だと信じ込んでいるイヤな現実も、本当は事実ではなく、あなたの解釈が生み出したものかもしれない**ということです。

解釈とは、当人が育った環境や他者から学習し、身につけてきた経験や認知にもとづいて形成されるもので、「思い込み」とか、「刷り込み」「考え方のクセ」といった言葉で言い換えることもできます。

つまり、経験のなかで学んで身につけたものなので、自分がどんな「解釈」を採用しているかに気づくことができれば、自分の選択で選び直すこともできます。

起きた出来事を変えることはできなくても、自分の解釈が変われば、認識が変わり、行動が変わり、結果も変わることが人生にはよくあります。そこには、自分が生きる世界や見える景色さえもガラリと変貌させてしまう力があります。

つまり、**解釈とは、あなたの人生を彩り、あなたというパーソナリティをかたちづくっていく、とても重要な要素といえるのです。**

なぜ、「事実」と「解釈」を分けることは難しいのか

人生に問題を起こしている解釈のパターンを変えるには、どうすればいいでしょうか？

- **いつもと違う解釈をすればいい？**
- **よりポジティブな考えを採用する？**
- **尊敬する成功者と同じ解釈を選んでみる？**

そんなふうに、解釈を自分の外側から持ってきて、パッとつけ替えることができるのなら、それほど楽なことはないでしょう。

しかし、解釈は、その人に染み込んだ考え方のクセのようなもの。残念ながら、洋服のように、外から買ってきてすぐに着替えられるものではありません。

悩んでいる友人に対しては的確なアドバイスができるのに、いざ自分に同じ問題が起こると、「頭ではわかっているけれども、行動できない……」といった状態に陥ることがよくあります。

これがなぜ起こるのかというと、解釈のやり方は、幼いころに形成されたものが多く、批判的に見直されたことがないため、その人の人格に染み込んでしまっているからです。

「わかってはいるけれども、できない」と口では言っていても、当の本人は、自分の解釈が偏っているなどとは思いもよりません。

たとえば、次のようなことがあなたの身に起こった場合、どんなふうに感じるでしょうか。出来事が起こった場面をリアルにイメージしながら考えてみてください。

出来事 **取引先に謝罪のために送ったメッセージが既読スルーされている。**

さぁ、あなたの頭のなかには、どんな考えがめぐりましたか？

相手からなかなか返信が来ないとなると、それはたった数時間でも不安になったり、違和感があったりするかもしれません。担当者から嫌われていないか、問題が大ごとになったら、取引が停止になったらどうしようなど、いろいろな解釈のもとに想像が湧いてくるでしょう。

このとき、当人が持っている解釈の幅があまりにも狭いと、「もうダメだ」とか、「許してもらえないかも」といった不安な感情に支配され、冷静な判断ができない状態になってしまう場合があります。

では、少し目線を変えてみましょう。

そもそも、**このとき、あなたの身に起きている「事実」はなんだと思いますか？「解釈」を抜きにして考えてみてください。**

「既読スルーされている」「まだ返信が来ない」ということすら、じつは解釈にすぎない……ということにお気づきの方は、どれくらいいらっしゃったでしょうか？

相手に既読スルーしているつもりがあるかどうかは、本人に確認しないことにはわかりません。「返信がない」といっても、相手は返信の必要すら感じていないかもしれないのです。

つまり、このとき、あなたが実際に体験した事実は、たったこれだけ。

事実 **相手はメッセージアプリを開いた。**

この事実に対して、どういう解釈をし、どんな感情を味わうかは、まさにあなたの感じ方、選択に委ねられているといえます。

「事実」と「解釈」が、いかにピッタリくっついているか、感じていただけたでしょうか。

私たちは、友人にならら的確なアドバイスができるのに、いざ自分のこととなると偏った判断しかできなくなったりすることがよくあります。

これは、**起きている問題（事実）に対する解釈の幅が、どれだけ持てているか**の違いともいえます。

たとえば、職場の上司から明らかなパワハラを受けているのに、「ここで辞めたら成長できない」などと言って苦痛に耐えている友人がいたらどうでしょう。

大半の人が、「そんな職場は早く離れたほうがいい」とか、「ほかにもっといい就職先があるよ」などと声をかけてやるはずです。

しかし、当人からすると、問題はそんなに単純ではありません。辞めるどころか、むしろ「苦痛に耐える」という間違った方向の努力をしてまで、その職場に居続けようとしています。

なぜ、そんなことが起こっているのか。

こういった場合、当人にとっての本当の問題は、「パワハラ」ではないのかもしれません。

苦痛という理不尽な事実に対して、「自己成長のために我慢する」といった解釈を採用している根っこの部分には、「苦痛のない、楽しみながらの成長なんてありえない」とか、「何ごとも途中でやめてしまったら、価値がない」といった無自覚な思い込みがある可能性があります。

しかし、成長のためにパワハラに耐える自分をやり続けていれば、「努力している自分」を感じることができます。そのうえ、新しい職場を見つけなくてもすみます。つまり、自分の能力を低く見積もっている人は、次の就職活動での不採用といった自分の能力の低さを疑うような場面に向き合わなくてすむのです。**自分の能力を低く見積もっていることこそが、現実に不具合を起こしてしまっている本当の課題なのかもしれません。**

このことに当人が自分で気づけると、この人は初めて事実と解釈を分けて考えられるようになります。

事実と解釈を分けられると、それまで「これが正しい」と信じ込んでいたひとつの解釈から解放され、「Aだけではなく、BやCもあるかも」といった「解釈の幅」を持てるようになります。

このケースでいうなら、パワハラが起こる職場はおかしいとか、もっと働くことを楽しみながら成長できる仕事を選び直すとか、そんなふうに解釈の幅を広げ、その後の対処を主体的に選べるようになっていきます。

事実と解釈を分けることが難しいのは、私たちが、つねに解釈というフィルターを通して出来事を受け取っているからです。

解釈を変えるためには、自分が本来、どんな解釈のパターンを持っているのかに気づく必要がありますが、そもそも、人は自分が出来事に対してどんな解釈をしているかにさえ意識を向けていない場合も多いです。

なぜなら、解釈は出来事に対して、ほぼ自動的な反応のように起こっていて、意識化しにくいからです。

「僕は悲観的になりがちだ」とか、「私は白黒はっきりさせたいところがあるから……」など自分の解釈の傾向を意識化できているなら、まだ現実への悪影響は少ないほうだと思います。

むしろ、**人生に繰り返し問題を起こしている「解釈」は、人に指摘されて初めて気づくような無自覚なものである場合が大半です。**

普段は当たり前すぎて気づけない、疑う余地もないくらいの強力な思い込みだからこそ、いざ自分の解釈のパターンを意識化できたとき、見える景色や、それまでの

「当たり前」がガラリと変わってしまうことは少なくありません。

では、自分が出来事に対してどんな解釈をしているかを、みずから意識化するには、どうしたらいいでしょうか？

その最も有力な手がかりとなるのが「感情」です。

問題解決は自分の「感情」に気づくことから始まる

脳内でほぼ自動的に行われている解釈を意識化するためには、その出来事に対してどんな感情を抱いたかを手がかりにするのが最も効果的です。

出来事をどんなふうに解釈したから、この感情が生まれたのか？

この質問から、問題に取り組むための大切な気づきが、いよいよ始まります。

ここで、本書の「はじめに」でご紹介した、社員の提案を強く批判してしまう社長さんの話を振り返ってみましょう。

社長さんは、社員の提案を感情的に批判してしまうのは、自分の「人の話を聞くスキル」や「感情を制御する能力」に問題があるからだという見立てをしました。

しかし、**彼が本当に求めていた答えは、ふっと湧いてしまう「怒り」の感情のなかにこそあった**のでしたね。

では、どんな解釈をしたから「怒り」が生まれたのか？

問題に取り組むプロセスのなかで、人が最も答えにくい質問が、じつはこれだったりします。

なぜなら、社長さんは、「問題の原因は自分のスキル不足」という仮説を立てると同時に、「怒り」というネガティブな感情にダメ出しをし、「こんなものを感じてはいけない」と抑え込もうとしていました。

なぜ、ダメ出しをするのかというと、彼にはそうせずにはいられない理由があったからです。

社員のひと言にイラッとしている自分の感情をじっくり探ってしまったら、いよいよその奥にいる「誰かに認められないと価値がない」とうなだれている弱い自分に気づいてしまいます。

社長としての威厳を保たなければならないとも思い込んでいた彼は、そんな弱い自分と「直面化」することを無意識に恐れたのでしょう。「怒りを抑えられない自分がダメ」という見立てをして、自分の感情を否定してしまいました。

「直面化」とは、目を背けたくなる問題の本質や葛藤などを見つめることです。

そうして**胸のうちに押し込めた本当の「感情」は、本人によって「存在」を認められたとき、初めて癒やされるという性質を持っています。**

「認められたい」気持ちを持っていた自分に自分でOKを出せた社長さんは、その後、社員に対して感情がふっとたかぶってしまいそうになる自分を意識化して、自然とコントロールできるようになっていきました。

あなたの本当の「感情」に気づく4つのステップ

気づきには、気づいてしまったら、気づく前には戻れないという恐ろしい一面があります。

気づく前の自分を否定することになるかもしれないのだから、それはたしかに一大事です。

自分が本当に気にしていることや、本当の課題に直面化することを恐れる人は、「スキルアップしなければ」とか、「お金を稼がなければ」といった自分の外側の対策や対処に力を注ぎがちです。

これは、休日の予定を埋めないと、なぜかダメなような気になる人と同じような心理です。彼らは毎日の予定をいっぱい入れて忙しくすることで、いまにも消えてしまいそうな「自分の価値」を確認している傾向があります。

学んでも学んでも、たくさんのお金や地位や名誉を手に入れても、まだまだ何かが足りない。そんな苦しみのカラクリは、まさにここにあるといえるでしょう。

本当の答えは、すべて自分のなかにちゃんとあります。

しかし、脳は、「都合の悪い自分」に気づいて傷つかないよう、いろいろな思考をめぐらせ、私たちが「本当に感じていること」を見えにくくしてしまいます。

だから、感情を見るときには、ちょっとコツがいります。

自分がその出来事に、どんな解釈をしているか？　それを探る手がかりとなる「感情」を扱うときは、次にご紹介する「4つのステップ」を意識してみてください。

- **ステップ1　感情に気づく**
- **ステップ2　許す**
- **ステップ3　受け入れる**
- **ステップ4　主体的に選ぶ**

ステップ1　感情に気づく

自分の感情なのだから、自分がいちばんよくわかっている。

そんなつもりでいても、何年かたって出来事を振り返ったときに、「あのときの自分は、本当はこう思っていたんだな……」と気づくことは少なくありません。

自分の本当の思いには、案外、オンタイムで気づけていなかったりするものです。

日々の役割や忙しさに流されていたり、自分のケアに手が回らなかったりしているときは、なおさらのこと。

だから、**まずは自分が出来事に対してどう感じているのかを明らかにしておきましょう**。問題やイヤな出来事に対して、あなたが抱いている感情をそのまま紙に書き出してみます。

「会社に行きたくない」という悩みなら、いざ行くと、どんな気持ちになりますか？　家を出るとき、社員に挨拶するときは、どんな感覚がしますか？　とくにイヤだと思っている業務は……？

「人間関係」なら、その相手や集団とのかかわりにどんな感情を持っていますか？　会うと、どんな気持ちになり、どんな瞬間に心がざわつくでしょうか？

このとき、頭のなかだけで考えるのではなく、実際に文字に書き起こしてみてください。なぜなら、文字にして視覚化することで、よりはっきり「意識化」ができるメリットがあるからです。

頭のなかだけで思考を整理しようとしても、考えが次から次へと湧いてくるので、大切なことが流れてしまいがちです。**書く行為は気づきのアシストとして非常に有効なのです。**

紙とペンが理想的ですが、視覚化さえできるなら、スマホのメモアプリなどお好みのツールを使っても構いません。

「書けない」「書きたくない」ことでさえ、ひとつの重要な手がかりです。その場合は、「書けない」「書きたくない」と書いてみることが第一歩になります。

ステップ2 許す

ステップ1で気づいた感情を持っていた自分を、「そうだったんだ」とありのままに認め、許すことが次のステップです。

「こんな感情を持っていた自分」を違和感なく素直に受け入れられると感じるなら、次のステップ3に進んでいただいて構いません。

ただし、このときに「こんな感情は認めたくない、感じるのが怖い」といった抵抗感が湧くようなら、ちょっと注意が必要です。

感情を取り扱うときに、人がよくやってしまいがちなのは、「こんな感情を持ってはいけない」「こんな感情を抱く私はダメだ、恥ずかしい」といったふうに、みずから感情へのダメ出しやジャッジメントをしてしまうこと。

先の社長さんのように、「怒ってはいけない」と込み上げる怒りを抑えようとしたり、「ちょっとしたことで傷つく弱い私は認められない」などと頑張りすぎたりしてしまうことは、まさに感情に対するジャッジメントといえるでしょう。

一度湧いてしまった感情は、決して「なかったこと」にはできません。

抱いた感情をそのままに「許す」ときは、まずこのジャッジメントを手放してやる必要があります。

「この感情を抱いてはダメだ」とジャッジメントをしようとしている自分がいないか、意識してみてください。

そして、もしそんな自分が出てきたとしても、恐れることはありません。なぜなら、感情には良いも悪いもないからです。

どんな感情であっても、そう感じていることが大切なサインとなります。また、その感情を抱いている自分を許したところで、事態が悪化したりもしません。

心にくすぶっていた感情を「そうだったのか……」と素直に認められると、人は胸のあたりが本当にスーッとするような感覚を得たりするから不思議です。

この「許し」によって、ありのままの感情を棚おろしできたら、次のステップに進みましょう。

ステップ3 受け入れる

出来事に対してある感情が湧いた自分を丸ごと受け入れて、認めてやること。それがステップ3の目的です。

具体的には、ステップ2で棚おろしした感情を、「あぁ、そんなふうに感じていたんだな」と受け入れつつ、**その感情とともにあったこれまでの時間を「ねぎらう」ようなイメージです。**

たとえば、次のような言葉を自分にかけてやるのもいいでしょう。

・さびしかっただろうに。
・怖くて当たり前だったよね。
・よく耐えてきたなぁ。
・結構頑張ったと思う。
・気づかないふりをしていて、ごめんね。

感情を許し、受け入れるステップを経ると、それまで目の前の出来事にただ振り回され、**不安でザワザワしていた感覚が、少しずつ落ち着いてくるのではないかと思います。**張りつめていた何かがフワッとゆるんで安堵《あんど》を感じることもあれば、人によっては、抑えていた涙がこぼれることもあるかもしれません。

この時点で、あなたは自分の中心、等身大の自分へと戻りつつあります。

ステップ4　主体的に選ぶ

自分をコントロールしていた（振り回していた）感情を意識化できると、**その感情を**

引き起こしていた自分の解釈のパターンにも気づきやすくなります。

そのとき、一方だけに偏った解釈をしていた自分や、まったく別の解釈があったことに気づいて「ハッ」とするような気持ちになる人もいるでしょう。

この時点で、あなたは事実と解釈を分けて考えられるようになっているはずです。自分がこれまで、どんな色眼鏡で世界を見ていたかに気づきます。

抱いている感情を「私はこう思っている」と意識化し、自分の現状をありのままに受け入れることができると、そのうち、心が落ち着きを取り戻します。そして、**ものごとをみずから選びとり、行動しようとするパワーが湧いてきます。**

怖いなら怖いなりに、弱いなら弱いなりに、この等身大の自分で現実にどう対処できるかを考えられる余白が生まれるのです。つまり、感情に振り回されず、自分なりに「こうしたい」という主体的な選択ができるようになっていきます。

よりよい選択は「等身大の自分」から始まる

感情を認め、許しを与えるプロセスを人が恐れがちなのは、自分が認めたくない「等身大の自分」と直面化するのが怖いからです。

自分の理想にはほど遠い「ダメな自分」や「弱い自分」を認めてしまったら、自分がもっとダメになったり、問題がさらに悪化したりしてしまうように感じる……といったことはないでしょうか？

とくに日本人は真面目で努力家なので、「やればできるはず」と考え、自分をありのままに認めるのが苦手な方が多いかもしれません。

そんな人は、「なりたい自分像」や「期待されている私」を追いかけて、本来の「等身大の自分」が置いてけぼりになっている可能性があります。

「本気を出せば、できる」「努力すれば、なんでもかなえられる」といった「万能感」を手放せず、自分の心身を疲弊させてしまっている人も少なくありません。

そういった人は、有名人のライフスタイルやメディアで語られる経営者の成功などを妄信しがちな傾向もあります。自分も何かを学んだり、スキルアップしたりさえすれば認められる……と、理想というより、もはや現実離れした幻想を追ってしまっているのかもしれません。

成長しようとする意欲はすばらしいですが、それが「ありのままの自分は認められない」といった恐れからでは、たとえ達成したとしても、充実感は一瞬で消えてしまいます。

自分にないものばかりを追い求めていることは、本来、自分が持っている魅力や持ち味といったものには目を向けていない証《あか》しでもあります。

ゾウがキリンにはなれないように、私たちも自分以外の誰かを生きることはできません。「自分もあのようになれば、きっと認められる」という幻想と、いまの自分を比較しては、一生勝ち目のない試合をしているようなものです。

そんなふうに「等身大の自分」との直面化を恐れ、外側にある何かで足りない何かを埋めることを繰り返していると、そのうち人生に「こんなはずじゃなかった」とか、

「いつまでも満足できない」といったもの足りない感覚を覚えるようになります。
どんなにお金を稼いでも不安が消えなかったり、たくさんの仲間や支持者に囲まれていても孤独でさびしかったり、地位や名誉を手に入れるほど、なぜか心の空虚さが増していったり……。

ありのままの感情を味わい、等身大の自分を認めるといったプロセスは、人が本当の意味での幸せを感じながら生きるために避けては通れない道です。

なぜなら、あなた自身を最もうまく生きられるのは、この世にあなたしかいないから。「自分を生きる」ことこそ、幸せに生きるための最短距離なのです。

SNS（ソーシャル・ネットワーキング・サービス）や動画投稿サイトなどを使って自己表現や情報発信をしたいけれども、人に叩《たた》かれるのが怖くて躊躇《ちゅうちょ》してしまう。
これも、現代人に起こりがちな葛藤ですね。
それは、もしかすると、「ちょっとしたことで傷ついてしまう自分は弱い人間だ」と批判し、直面化することへの恐れがあるのかもしれません。

ネットにおける誹謗《ひぼう》中傷がますますヒートアップしているいまの世の中では、小さな悪口や批判をいちいち気に病んでいると、心がとても持たない、やっていられないという一面も、たしかにあるでしょう。

たとえば、「匿名からの誹謗中傷」を瑣末《さまつ》なことと解釈して気にせず、スルーできる力は、それだけで「メンタルが強い人」のようにも思われます。

でも、一方で、「自分が好きな人や、大切に思っている人たち」から批判を受けるのはどうでしょうか？　大半の方がイヤな思いをするのではないかと思います。

こういった葛藤から抜け出すひとつの方法が、まさに「等身大の自分を受け入れる」ことです。

そもそも、**本当の強さを持っている人は安定しています。「傷つくことは自然なことだ」と傷つく自分にOKを出し、傷ついてしまった自分にも、ちゃんと許しを与えられているからです。**

SNSのケースでいうなら、「誹謗中傷されたら、傷つくのは当たり前」と素直に認めること。そのうえで、「やりたいのか、やりたくないのか」を自分で選ぶといった主体性がある考え方なら、自分を本当に大切にした選択といえるのではないでしょうか。

逆に、「この程度のことで傷つく弱い私ではいけない。もっと強くあるべきだ」と自分の感情を否定するネガティブ・モチベーションで頑張ろうとすると、かえって悪口が目についたり、発信の内容に過敏になったりして、やがて疲れてしまうかもしれません。

なぜなら、傷つく自分を否定したまま「気にしない技術」だけを身につけても、「傷ついてしまう自分」がいなくなるわけではないからです。

でも、そういう自分が「いる」ことに向き合い、一度でも認められたら、自分に合った対処を冷静に選べるようになります。

たとえば、物議を醸しそうな発信はできるだけしないとか、ここは傷ついても発信したいといった覚悟を持った選択をすることも、そのひとつでしょう。発信をよりおもしろい、有意義なものにすることにエネルギーを注げるので、結果的にファンも増えるかもしれません。相変わらず匿名の批判はあったとしても、そのころには本当の意味で「気にならない」自分になっているのではないでしょうか。

こんなふうに、**自分自身の判断で選んだ主体的な行動から得られる経験は、想像以上の学びと充実感をもたらしてくれます。**

なぜなら、そこには「そうでなければならない自分」という幻想を追いかけていたときには感じられなかった心の底からの深い納得感や、自分が自分の主導権を取り戻すような「しっくりくる」感覚がともなっているからです。

「解釈の幅」を広げることの驚くべき効果

多様性の時代などといわれて久しいいまの世の中。

人の心にかかわる仕事をしていると、偏ったひとつの解釈や思い込みにとらわれ、生きにくさを抱えている大人がいかに多いかを日々実感させられます。

思えば、昭和の高度経済成長期は、人々が選べる「幸せのパターン」はごくかぎられていたのではないでしょうか。

みんな「大会社に就職し、結婚して将来安泰」といった同じ幸せのパターンを目指していて、「そうなれれば幸せ」といった解釈のもとに人生を選択していれば、実際にそれなりの幸せが手に入ったのだと思います。

社会が認めた価値観を採用し、「これを選択すれば大丈夫」という解釈を使い続けていたとしても、周囲のみんなも同じように生きているから、案外と不具合は起こりにくかったのです。

しかし、私たちが生きているいまは、自分の生き方や自分の幸せを「私が選べる」時代です。

そういう時代だからこそ、**私たちは親や周囲の環境から学び、身につけてきた解釈を、いったん意識的に眺めてみる必要があります。**

そのタイミングを教えてくれるシグナルこそ、人生のあらゆる場面で起こってくる不具合や問題なのです。この問題に向き合うことが、自分なりの解釈を選び直していく絶好のチャンスといえます。

解釈を選び直すとは、「私を生きる」ことのリスタート。あなた自身のバージョンアップです。

私が私に戻っていくような、私を中心に生きるという手応えのある生き方の始まりです。

解釈の一つひとつが自分というパーソナリティを彩っていくのなら、その幅はある程度広く持っておいたほうが、人生における選択肢の幅も広くなるはずです。

しかも、その「解釈の幅」を広げるためには、これから新たに何かを頑張る必要はありません。

幅を広げるためのヒントは、もうすでにあなたのなかにある可能性が高いのです。

次の第2章では、このヒントを効果的に拾い上げる方法についてご紹介します。

第2章
「解釈のズレ」をコントロールする思考術

「感情」は同時多発的に起きている

あなたは、スーパーの果物売り場でイチゴを見たとき、何を思い、どんな感情が湧くでしょうか？

- **好き**
- **もうそんな季節か**
- **おいしそう**
- **赤い**
- **つぶつぶ**
- **熟れている**
- **甘そう**
- **酸っぱそう**

・高いな
・安いな
・イチゴよりバナナのほうが好きだな……

スーパーでイチゴを見るというシンプルな想像をしただけで、人はこんなにもいろいろな考えや感情をイメージすることができます。

私たちが日々感じている感情も、じつは同じような構造を持っています。感情はいつも、ひとつの出来事やものごとに対して同時多発的に起きているからです。

しかし、そのすべてを意識に上げているわけではありません。とくに視覚から入ってくる情報量は膨大ですから、これらをいちいち意識に上げて、その都度、感情を味わっていたら、仕事や家事はきっと手につかなくなってしまいます。

だから、私たちは、意識に上げるべきことをその都度、自分で選びとる作業を、ほとんど自動的にやり続けています。

前章でご紹介したとおり、感情は「解釈」の結果です。

「解釈の幅」を広げることが本書のテーマのひとつではありますが、本当のところ、私たちは、起きた出来事に対していつも同時多発的に複数の解釈を下しています。

そのなかでも、出来事への対処として最も有効だと感じている解釈を無意識にチョイスしています。**「幅」はわざわざ新たに広げようとしなくても、本当はすでに「ある」といえるのです。**

有効な対処を選んでいるはずなのに失敗するとき。

「わかっちゃいるけど、やめられない……」ことが起こるとき。

同じようなトラブルが繰り返されてしまうとき。

「どうしても無理、できない！」などと行きづまってしまうとき。

こういったケースでも、じつは同様のことが起きています。

人は、同時多発的に生まれた解釈のなかでも、「いちばん大きく聞こえた声」を最も有効な解釈として採用する傾向があります。

つまり、失敗したり、問題が繰り返されたりするのは、本人が「正しい」と思って選んだ解釈が、じつは間違っているからといえるでしょう。

「もう無理！」と行きづまってしまうなら、「本当はあるはずの、その他の解釈」に、本人がまったく気づけていない可能性があります。

本当は「ある」はずのものに気づけないとは、どういうことなのか？

なぜ、このようなことが起こるのでしょうか？

あなたの耳元でささやく「サブパーソナリティ」とは

「あのイチゴを買うか、買わないか……」といったように、ひとつの出来事に対して、頭のなかで「ああでもない、こうでもない」と、同時多発的に聞こえてくるたくさんの声。

これを、**「サブパーソナリティ」**といいます。

サブに対するメインパーソナリティは、本体のあなたのこと。同時にサブパーソナリティの一つひとつもまた、あなたのなかに生まれているあなたの一部分といえます。

ある出来事が起こったとき、メインパーソナリティであるあなたは、「あんな考えも、こんなやり方もある」といった複数のサブパーソナリティの声があるなかで、出来事に対して最も有効だと思う声を瞬時に選んでいます。

しかし、それを意識的に選んでいる自覚があるという方は、ほとんどいないかもしれません。

梅干しを見ると勝手に唾液が出てきてしまうのと同じで、その選択は、ほとんど自動的な反応のように、無自覚なまま行われています。

先にもご説明したとおり、**人は複数の解釈のなかから、「いちばん大きく聞こえたサブパーソナリティの声」を最も有効な解釈として採用しています。**

その声が大きいほど、「これが私の考え」といった思いは強くなり、それはときに偏った解釈となって、あなたをいつの間にか意に沿わぬ方向にコントロールしているときがあります。

このコントロールは、私たちにどんな影響をおよぼすのでしょうか。

わかりやすい例をひとつご紹介しましょう。

CASE STUDY 1

疲れがとれない、会社に行きたくない本当の原因

「疲れがとれなくて、会社に行くのが憂鬱」という悩みを抱えていた女性の受講生の話です。

慢性的な疲労感がとれないためにやる気が湧かず、朝起きるたびに、「会社に行きたくない」という憂鬱な気持ちと戦っていた彼女は、自分なりにいろいろな対処法を試してきました。

「仕事の内容に不満があるのかも……」という仮説から、将来に役立ちそうなセミナーに通って新しいことを学んでみたり、「身体《からだ》が疲れているのかも……」と整体やマッサージに通ったり、なるべく身体を動かしてストレス発散に努めてみたり。

しかし、どの対処法も効果は一時的なもので、出社前に感じる憂鬱な気持ちや

ストレスが消えるわけではありませんでした。

そこで、「会社に行きたくない」という感情を深く探るワークをやってみたところ、あることがわかったのです。

彼女の頭のなかには、本人がやることなすこと、何に対しても強くダメ出しをしてくる自分に厳しいサブパーソナリティがどっしり居座っていました。

それがどんな感じか、想像できるでしょうか？

彼女は、電車に乗るにしても、「ちゃんとした姿勢で座らなきゃ」「周囲の人に迷惑をかけないようにしなきゃ」「乗り換えを間違えないようにしなきゃ」など失敗をしないように、こと細かく、毎分、毎秒のように自分を律し続けていたのです。

もちろん、会社に着くまでにも「あの資料はちゃんと持った？」「上司に会ったら笑顔で挨拶しなきゃダメ」「汗をかいたから化粧を直さないと恥をかく」などと、目まぐるしいほどに何かを気にしたり、心配し続けたりしながら歩いています。

まるで、しつけに厳しい母親が彼女のなかにいるようでした。「能力が低い私には価値がない」「もっと成功しなければ認めてもらえない」といった強い思いから生まれたサブパーソナリティから、「ちゃんとやっているのか？」「だからお前はダメなんだ」などと、つねに耳元でささやかれているような状態でした。

これでは、仕事をするどころか、起きて会社にたどり着くまでに心が疲れ果ててしまっても無理はないでしょう。

求められる理想的な姿と比較して、いつも人の目が気になり、世間からどう評価されているか過剰に気にしてしまう人は、彼女のように、無意識のうちに自分への「ダメ出し」がクセになっているケースがとても多いのです。

こういった人は、休みの日でも人目や評価を気にして自分にダメ出しをしています。だから、ちょっと気晴らしをしたくらいでは、心身がなかなか休まりません。「何も考えず、ボーッとする時間」は彼らにとってむしろ怖いものだったりします。

そこで、彼女には、まず3日間だけ、本当に何もせずに休んでみることを提案しました。仕事はもちろん、遊びの予定も入れず、ひたすらボーッとすることに挑戦したのです。

その間、頭のなかにどんな声が聞こえてくるかを意識してもらいました。ひとまず朝からゆっくり横になってみた彼女でしたが、その後、たった数分、数秒のあいだに、サブパーソナリティの声が次々と聞こえてきたそうです。

「朝からこんなにゆっくりしていて大丈夫？」
「こうしているあいだに、ほかの人はどんどん結果を出しているよ」
「いまなら、あれもこれもやれるのに、大事な1日をムダにするの？」

無意識に時計を見たり、スマホでメッセージの有無を確認したりしようとする自分を制御するのは、想像していた以上に大変だったと、彼女は言っていました。でも、同時に、ゆっくり横になることもできない、ソワソワ落ち着きのない自分に対して、ふとなんだか泣き出したいような気分にもなったそうです。

それも無理はないでしょう。

自分に長年ダメ出しをしてきたサブパーソナリティは、自分をみずから鼓舞してきた、いわばエールのようなものでもあったのです。彼女は、その声をエネルギー源にして、これまで必死に仕事や日々の生活に取り組み、成果を出してきました。

彼女には、それから3日間、頭のなかで「ダラダラしてちゃダメだ」という声が聞こえてきたら、いちいち意識に拾い上げてもらいました。そして、自分を頑張らせようとするサブパーソナリティと、こんなふうに会話してもらったのです。

「ありがとう。私の成長のために言ってくれてるんだよね。でも、今日はゆっくりしようと決めたから」

これは頭のなかだけで自己内対話してもいいですし、実際に声に出したり、紙に書いたりするやり方でもOKです。ダメ出しをする自分を、できるかぎり意識化することで、「本当はとても疲れていた」とか、「もっとゆっくり休んだっていいんだよ」といった別の声を聞いてやる余裕をつくることが目的です。

そういった別のサブパーソナリティの声から生まれる「解釈の幅」は、いままでたんに声の大きなサブパーソナリティにかき消されていただけで、本当はもとから彼女のなかにあったものです。

たった3日間とはいえ、自動的な反応として湧いてくる「こうでなければならない」の声を意識するのは、とても難しいことだったと思います。

とれない疲れという問題に悩んでいた彼女が本当に向き合うべきだった課題は、「ダメ出し」というかたちの、彼女なりの、ものごとへの取り組み方でした。若いころから続けてきたそのやり方を、そろそろ変えるべき時期に来ていたのでしょう。

それから、彼女は、ものごとに取り組む際の頑張り方を変えるトレーニングを始めることにしました。

以後は、少しずつ、心身の余裕を取り戻していきました。

「意識を向けたこと」が「私の事実」になる

呼吸しているときに、「私はいま、空気を吸っている」と意識する人はいませんが、そんなふうに、「私はいま、これをしている、こう思っている」と、あえて高い視点から認知することを「メタ認知」といいます。

メタ認知は、無意識のうちに自分をコントロールしているサブパーソナリティの声に気づくために使える、とても有効な方法です。

それまで自分とほぼ一体になっているように感じられた何かがパッと分離して、苦痛をあらためて意識できるようなイメージです。

たとえば、検索エンジンで調べものをするつもりが、なぜかSNSの投稿に見入っている自分に気づいて「ハッ」とする瞬間、私たちはメタ認知をしているといえます。

「これをしている、こう思っている」と自分の認知の状態や活動を意識化（メタ認知）できると、自分の操縦権が自分に戻ってきたような感覚が得られます。「こうしなければならない」といった強い思い込みにコントロールされていたら、それが自分の考えや解釈の一部分にすぎないことを自覚できるようになります。

先の「CASE STUDY 1」の女性にやってもらったトレーニングが、まさにこれです。「この考えが正しい」「こうでなければダメ」といった思い込みが強いときほど、人は自分に偏った思い込みがあることに気づけません。まるで声の大きなサブパーソナリティに心を乗っ取られているような状態です。

自分で選択しているように思えていても、本当はその声に振り回され、コントロールされています。そのやり方でいままで成果を上げてこられたら、なおさら「こうでなければ」の思い込みは強くなるでしょう。

だから、本当に起きている事実がどうであれ、人は結局、自分が見たいものを見ています。

自分が意識を向けていることが事実となり、その事実が人生を彩っていくといえます。つまり、人生に不具合が起こるときは、あなたが意識を向けているもの、見ようとしている事実に、何かのエラーがあったり、それ自体が幻想であったりする可能性が考えられます。

そのとき、あなたが「私だ」と思っている「私」の操縦席には、声が大きく、存在感の強いサブパーソナリティがドーンと居座っているのかもしれません。

しかし、サブパーソナリティも同じ自分の一部なのだとしたら、なぜ現実にトラブルや問題が起こるのでしょうか？

その秘密が、人間の「知性」に隠されています。

自分の人生を生きるための「3つの知性」

人間は生涯を通して、その時々の困難や問題に対応できる知性や、環境に順応する力を育てることができるといわれています。

ハーバード大学の教授で教育学の世界的権威であるロバート・キーガンの研究によると、人間が大人になるまでに育てていく知性には、大きく分けて3段階のレベルがあるそうです。

・①環境順応型知性
・②自己主導型知性
・③自己変容型知性

この3段階の知性を使いこなすことと、自分のなかに存在する何種類ものサブパーソナリティの声を聞いてやることは、じつはとてもよく似ているのです。

では、それぞれの知性について見ていきましょう。

①環境順応型知性

わかりやすくいうと、親や周囲の大人からの教え、学校や会社といった集団のルールなど他者の価値観や環境に順応するために養っていく知性です。

この知性が最も発達しやすいのは、子どもが親や周囲の言うことを聞きながら大きくなる段階です。

子どもたちは大人から教えられる知性や刷り込みを通して社会生活を学びます。周囲の大人の教えをちゃんと守れる子どもほど「いい子だね」とかわいがられたりするので、環境順応型知性には、ある種の成功体験もともなっているといえるでしょう。

また、社会人になりたての大人が、会社のルールや上司の言うことに従い、その期待に応えようとする段階も同じです。じつは、このときにも私たちは環境順応型知性を使っています。

いずれにしても、この段階の知性には、自分の価値観で何かを判断したり、選択したりできる力はまだありません。

②自己主導型知性

いわば、親や師のもとから巣立っていく段階で身につける知性のこと。自分の役割を自分で決め、みずから決めたルールにのっとって選択や行動ができるレベルの知性です。

ちょっと違う表現をすると、10代の思春期に起こる反抗期の段階に育っていくのも自己主導型知性といえます。

この段階では、前の第1段階で周囲から「与えられた知性」を客観視し、それを一度否定することで自立を図ろうとします。よくいえば自立心旺盛、逆の見方をすれば、わがままで身勝手でもあり、未成熟な段階の知性といえます。

③自己変容型知性

私は、この知性を「統合された知性」と呼んでいます。

自己変容型知性は、先の環境順応型知性と自己主導型知性のどちらも受け入れている状態の成熟した知性のことです。

この段階に来ると、人はその時々の場面で使うべき適切な知性を自分で上手《じょうず》にチョイスできるようになります。

たとえば、周囲の人に合わせて調和を図るためには、「環境適応型知性」を使うほうがうまくいくかもしれません。逆に、自分なりの意見を臆せず主張し、イノベーションを起こしたいなら、「自己主導型知性」をフル活用するのがいいでしょう。

図1 大人の3つの知性

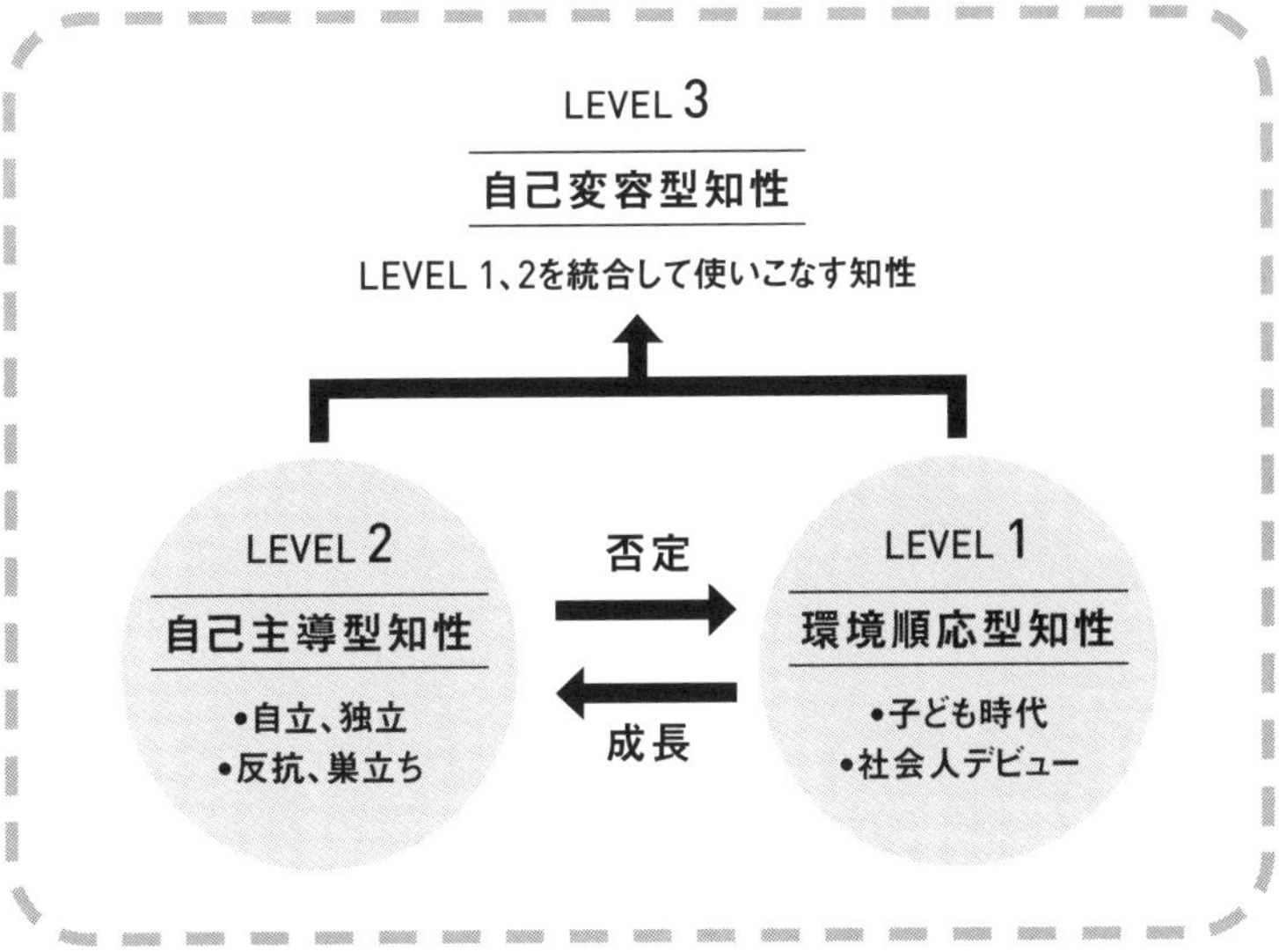

LEVEL 3
自己変容型知性
LEVEL 1、2を統合して使いこなす知性
LEVEL 2
自己主導型知性
•自立、独立
•反抗、巣立ち
否定
成長
LEVEL 1
環境順応型知性
•子ども時代
•社会人デビュー

そんなふうにして、人生の「波乗り」をうまくやっていけるようになるのが、自己変容型知性の段階です。

以上が**「大人の3つの知性」**です。

このなかでも、自分を知らぬ間にコントロールしてしまう無自覚なサブパーソナリティを生み出しているのは、多くが環境順応型知性にあたるものです。

誰かから与えられた解釈を採用して事実を見ているとき、その解釈があまりにも偏っている……つまり、「等身大の自分に合っていない」とメインパーソナリティである本体の自分にとって不都合なこと＝トラブルが起こる場合があります。

そのとき、私たちは大人になってもなお、親や周囲の環境から「こうあるべき」と期待された自分をやろうともがいているのかもしれません。

たとえば、「人づきあいに疲れる」といったことは、誰でも一度は感じたことがあるでしょう。

そのパターンが繰り返されて人生の幸福感に支障を来しているなら、「友人は多いほうが幸せ」「仲間や友だちは大切にすべき」といった環境順応的に身につけた解釈（無自覚なサブパーソナリティ）に縛られて、他者に対してNOが言えない大人になっている可能性があります。

環境順応的に身につけた解釈を一度手放して、自分なりの解釈を選び直して生きる絶好のタイミングは、無自覚なサブパーソナリティの声に気づいた、まさにそのときです。

メインパーソナリティであるあなた自身が、「もっとほかのやり方があるのかもしれない」と別の角度からものごとを見ようとするとき、本来自分のなかにいた別のサブパーソナリティの声を新たに意識化することができるようになります。

そのなかから、「こうしたい」にもとづいてみずから選んだ解釈を採用したときに、初めて2つ目の段階である自己主導型知性が育っていくといえます。

自己主導型知性の段階は10代の反抗期にも似ていると書きましたが、実際に最初のうちは「みずから主体的に選択する」ことに慣れていないので、思い切って挑戦しても失敗してしまうかもしれません。

でも、それは慣れていないだけのことで、自然なこと。

この失敗を恐れて前段階で踏みとどまってしまう大人も決して少なくありませんが、実際にここで得た「失敗」の経験は人を本当に大きく成長させます。

なぜなら、**自己主導型知性で選んだ解釈は、真にあなた自身の選択であり、その結果起きたことは、あなたがみずから選んで獲得した、かけがえのない経験になるからです。**

「自分で選んだのだから、後悔はない」といった感覚がまさにそれでしょう。たとえ失敗したとしても、本人の体感としては、深い納得感や、肚《はら》に落ちるという感覚がります。だから、どんな結果も、自分なりに引き受けて、失敗すらも糧にすることができるのです。

これは、恐れる自分にOKを出し、勇気を出して飛び込んでみた者だけが得られる人生のギフトだと思います。

こうして、自己主導型知性を使って、さまざまな成功と失敗の経験を重ねた先には、いよいよ最後の自己変容型知性への成長が待っています。

自己変容型知性は、これまでの人生で体感してきた世の中の不条理や矛盾をも統合的に受け入れることができます。そのうえで、これまでに得てきた環境順応型知性と自己主導型知性のどちらも状況に応じて選択し、使いこなすことができるのです。

「私を生きる」の始まりが自己主導型知性の段階なら、「私を生きる」経験を積み重ねていくことが自己変容型知性への成熟を促していくといえるでしょう。

「大人の3つの知性」を使って彩り豊かな人生を生きること。

私たち人間が手に入れることができる本当の成功は、そこにあるのかもしれません。

「サブパーソナリティ」をどう味方につけるか

ところで、人生に問題を起こしていた「あるサブパーソナリティの声」を排除しさえすれば問題は解決するのでしょうか？

自分にダメな部分があるなら、その「ダメな自分」が生んだサブパーソナリティを消してしまえば、人は成長できる……？

その答えはノーです。もっと厳密にいうと、そのようなことはできません。

大人の知性レベルのなかで最も高レベルの自己変容型知性は、子ども時代などに身につけた環境順応型知性と、大人になってみずから獲得した自己主導型知性のどちらをも使いこなすことができる、いわば高次の知性です。

どちらの知性も効果的に使えるからこそ、世の中の矛盾を冷静に受け入れつつ、自分なりにベストな答えを出したり、自分以外の他者や集団のために判断や行動をしたりするといった「器の大きな」選択もできるようになります。

それに、人のなかに存在するすべてのサブパーソナリティは、その人のいままでの人生に必要だったから生まれてきたものです。**すべてのサブパーソナリティは本来、あなたの味方であり、あなたを応援するために存在しています。**だから、どのサブパーソナリティも、本当は「いらないもの」ではなく、自分のなかから「排除できるもの」でもないのです。

いらないものを排除して新しいものに入れ替えるのではなく、**すべての「声」を自分の一部として受け入れ、バランスよく選んでいくのが「解釈の幅」を広げるという**

ことです。

たとえば、何かを「嫌いだ」と嫌悪してしまう感情はネガティブなもので、「人を嫌うなんて、よくない」といった信条を持っている人も多いのです。でも、「なぜ、嫌いなのか？」という解釈の部分を探ってみると、思わぬサブパーソナリティを発見することがあります。

私が出会った受講生の事例で見てみましょう。

CASE STUDY 2

人生に「嫌いなタイプの人」が繰り返し登場する理由

いじめは悪いことだと思うけれども、いじめのターゲットになりやすい人は、いじめを受けてもしかたがないような部分を持っているのではないか？ ちょっと葛藤しながらも、そういった気持ちを告白してくれた女性の受講生がいました。

そんな彼女に、自分がいじめたくなるような、イラッとさせられる人は、どんな人かと聞いてみたところ、回答はこんな感じでした。

「会話のなかで、どうでもいいようなことを聞き流せず、いちいち自分の意見を主張して、場の空気を乱すようなタイプの人」

はいはいと相づちを打っておけば終わるような、さほど重要ではない会話とか、会議中に波風を立てないよう周囲と意見を合わせておく……といった「その場の空気を読む判断」は大人の日常によくあるものです。

そんなときに、わざわざ自分の意見を主張し、話を余計にややこしくしたり、退屈な会議を長引かせたりする人を見ると、彼女は瞬間的にイラッとするそうです。相当な嫌悪感を抱いているようでした。

ただ、その相手が本当にどうでもいい意見を主張しているのなら、それこそ聞き流すとか、相手にしないといった対処をするだけですむような気もします。だから、私は「気にせず、聞き流すことはできないの？」と聞いてみました。

ところが、彼女は「それが、どうしてもできない」と言います。

勘のいい方なら、もうお気づきでしょう。

この人は、自分が毛嫌いしている嫌いなタイプの人間と同じような「聞き流せない」というクセを自分のなかにも持っていたのです。

別の言い方をすると、彼女は自分のなかにある嫌悪している部分、つまり「聞き流せない」という、自分が「ダメ」だと判断している一部分を他者のなかに見ていました。その一部分に対して、あるサブパーソナリティが、「余計なひと言を言ってはダメ」とか、「自分の意見を主張するのはみっともない」といったジャッジを下していたというわけです。

もしかしたら、彼女は、自分がいままで「発言したい」と思っていた場面で、いつも周囲の目を気にしたり、空気を読んだりして、発言を我慢してきたのかもしれません。なぜなら、人は「自分が自分に禁じていること」をやすやすとやっている他人に対して自然と嫌悪感を抱く傾向があるからです。

いままで当たり前に抱いていた嫌悪感が、じつは自分へのダメ出しだったと気づいた彼女は、とても居心地が悪そうに見えました。否定したくてもできない当の自分自身がダメだとジャッジしてきた部分を受け入れるときの葛藤の苦しみは、私にもよくわかります。

そこで、私はある提案をしました。会話のなかで些細《ささい》なことが気になって受け流せない自分に気づいたら、自分から「私、受け流せないんだよね、ごめんね」と前置きしたうえで、言いたいことを発言してみたらいいと。

これまで「余計なことを言うな」と自分を抑えてきたサブパーソナリティの声

は、彼女が円滑な人間関係を築くために使ってきたものなので、決して不要なものではないはずです。

問題は、その裏側で「本当は発言したい、指摘したい」といった別のサブパーソナリティが悲痛な声を上げていたこと。

ここでまた、「聞き流せない」「つい口を挟みたくなる」自分を排除しようといままでと同じ努力を続けたら、「本当は発言したい」自分は否定されたまま心のどこかに居座り、目の前に繰り返し「嫌いな人」を登場させるでしょう。

だったら、認めてしまえばいいというわけです。

好きな自分も、ダメな自分も、だから、どちらも必要で大切。

「ごめんね」と前置きして発言すれば、そのどちらも大切にできます。

「聞き流せない」ダメな自分を受け入れている姿勢は、相手にも必ず伝わります。

そういった積み重ねが、人と人との信頼関係を育てていくともいえるでしょう。

「自分にウソをつかない」の本当の意味とは、そういうことです。

選択ができるのは「メインパーソナリティ」

頭のなかで聞こえるさまざまな声に耳を傾け、「私はこうしたい」という判断軸のもと、最終的な解釈を選ぶのは、あなたというメインパーソナリティです。

サブパーソナリティたちの声をうまくまとめて、「解釈の幅」を広げながら自分の選択をしていく感覚は、ちょうどオーケストラの指揮者をイメージをしてみるとわかりやすいかもしれません。

舞台上には、勝ち気な意見を持ったライオンや、気ままで甘えん坊なネコ、ズルくて卑屈なハイエナなど、あなたの一部であるいろいろな個性を持ったサブパーソナリティがいるとしましょう。

王様気取りのライオンは力強い音色を出してくれるものの、ライオンばかりがソロパートを独占したら、他者との協調性に欠けてしまいそうですね。

見た目がかわいいからとネコだけをメインパートで目立たせ、ハイエナは地味なパートしか与えられなかったら、いつしかハイエナが「僕も目立ちたい！」と暴走してしまうかもしれません。

ものごとには必ず陰と陽、表と裏があるように、人の心のなかにも「光と闇」があるのは自然なこと。どちらも持っているからこそ、人は他者を理解したり、誰かに共感したりできるわけです。

つまり、ライオンもハイエナも、どちらもあなたのなかに存在していることが自然です。その個性に優劣をつけたり、一方を「いらない」と排除したりするのではなく、すべての個性を、その時々によって使い分けてこそ、あなたにしかつくれない魅力的なハーモニーが生まれます。

親に刷り込まれた価値観。

世の中の常識や誰かに教えてもらった知識。

自信のある自分やダメな自分。

すべてのサブパーソナリティが自分のなかに「ある」ことを認め、その存在を受け入れられたとき、メインパーソナリティであるあなたは、指揮者として、あなたにしか出せないハーモニーを奏でられるようになっていきます。

知らぬ間に自分をコントロールしていた大きな「声」に気づいたなら、そのボリュームをちょっと下げてやればいいでしょう。その代わりに、自分が人生に響かせたい別の「声」を選んでメインパートに持っていく。まさにそんな具合です。

この指揮がうまくなればなるほど、私たちの人生の喜びや生きがいは、どんどん深みを増していくようになるでしょう。

「解釈」が変われば、見える世界も変わる

私は「名言集」が好きです。

古代の哲学者から現代の経営者、マンガの主人公まで、偉人の「名言」をまとめた本やSNSは百花繚乱《ひゃっかりょうらん》。尊敬してやまない誰かの言葉は、ある意味で、自分の「解釈の幅」を広げてくれるサブパーソナリティのようなものです。

地球に海があることを知らない人に「海辺で過ごす休日」は決してイメージできな

いように、私たちは自分が知らないもの、イメージできないことを選択肢として持つことはできません。

歴史に名を残すような偉人の名言に感銘を受けるとき、私たちのなかでは陸上のカール・ルイス選手が破った平地の競技会での『10秒の壁』と同じような解釈のパラダイム・シフトが起こるのだと思います。

「そんな生き方もアリなのか」「私にもやればできるかもしれない」といった「新しい解釈」を、私たちは偉人たちの言葉や、スリリングな映画のヒーロー、美貌のアイドルなどに求めているのかもしれませんね。

実際、その道のプロの姿を見て強く憧れ、同じ世界でそれ以上に大成してしまう人も決してめずらしくありません。

「人は空を飛べるかもしれない」という仮説を持たなければ、飛行機は生まれなかったはずですし、「あの空の向こうに何があるのか?」という疑問を持たなければ、人は宇宙を知らなかったはずです。

だから、**解釈が変わるだけで見える世界が変わってしまうのは本当のことです。**

環境順応的に身につけた知性、親や環境から与えられた解釈にとらわれ、いつも同じようなトラブルに悩み、堂々めぐりしている自分の外側に、あなたが本当に生きるべき世界が広がっているとしたら？

たったひとつの新たな解釈を持つことがその入り口になるとしたら、いまの自分にも何かができそうな気がしてこないでしょうか？

いよいよ次章からは、解釈の幅を広げる本格的なワークを始めていきましょう。

第3章

「解釈のクセ」に気づく「脳の整理法」

問題の9割は「解釈のクセ」から生まれる

あるとき、40代の女性の受講生Aさんが会社の健康診断で、ある数値が極端に悪いことに気づきました。

Aさんは人生、何ごとにも全力で取り組みたいタイプ。素早く判断して行動することをモットーにしている彼女は、すぐさま病院を受診し、症状がひどくならないうちに投薬治療を決めました。その結果、数値は間もなく無事に下がって、以後は薬を飲む必要もなくなるまでに回復したそうです。

そんなAさんが抱えていたそのときの問題はなんだったかというと、「会社の業績が上がらない」というものでした。

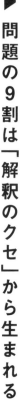

しかし、講座でその原因をひもといてみた結果、わかったことは「彼女の会社の業績は十分に上がっていた」という意外な事実です。

何が起こっていたかというと、すべては彼女の「全力癖」ともいうべき、「何ごとも120％の全力で取り組まなければならない」という偏った解釈に本当の課題が隠れていました。

Aさんは、その前年くらいから社内の組織改革に取り組んでおり、「改革の結果がなかなか出ない」ことを気に病んで問題視していたようです。

普通、会社の組織改革というのは、ある程度の年月をかけて結果に結びつけていくのが当たり前のことです。しかし、そこで彼女が求めていた「結果」は、たった1年で達成するには誰が見ても無理のあるものでした。

むしろ、大胆な組織改革を行いながらも、会社としてのゆるやかな成長は続いていたのです。昨今の時代背景を考えてみても、会社としては十分によくやれていたレベルでした。

にもかかわらず、「結果が出ない」「業績が上がらない」と悩んでいた彼女に、そのとき、ちょうど悪い数値の検査結果が出たのです。

これまで何ごとにも全力を出して仕事人生を頑張ってきた彼女は、カロリーが高い食事をたくさん摂取してはストレスを発散し、エネルギーを補充するという行動パターンを持っていました。

しかし、数値を下げるとなると、カロリーが高い食事は控えなければなりません。すると、カロリーが高い食事を心身のエネルギー源にしていた彼女は、仕事にそれまでと同じような「全力」を出せなくなります。

Aさんに「全力を出せ」と声をかけてきたサブパーソナリティは、このころから、さらに彼女を追い立てるようになったのです。

「もっと本気でやらなければ、結果が出せない」

「このくらいの頑張りでは、まだ足りない」

周囲から見れば十分な努力をして、結果も出しているのに、本人だけが「まだまだ足りない」と悩んでいた理由はここにありました。

Aさんの「全力癖」がそうであったように、自動的な反応のように起こっている「解釈のクセ」は、こんなふうに本当はありもしない問題や不安を目の前につくりだしてしまうことがあります。

だからこそ、**事実と解釈を分け、冷静に問題を眺めてみるだけで、見える世界は変わってくるのです。**

できる人は「解釈」と「事実」を分けて考える

これまでの章では、人生に不具合を起こす「解釈」のしくみや、偏った解釈をしてしまう「無自覚なサブパーソナリティ」が現実にどう影響するかのメカニズムについてお伝えしてきました。

ここからは、解釈の幅をさらに広げやすくするため、いま、あなたの現実に問題を起こしている「解釈」について、もっと具体的な気づきを促すトレーニングを始めていきます。

人生に繰り返しトラブルや過ちが起きたり、心のどこかでずっと同じ問題がくすぶり続けたりするのは、その人が見ている「事実」になんらかのエラーがあるからです。

そして、人は、先にご紹介したAさんのように、自分が「正しい」と思う解釈のフィルターを通して、自分が見たいように事実を見ているのでしたね。

つまり、ある事実に自分なりの対処をしても問題がなくならないなら、まず自分が見ている事実そのものが本当かどうかを疑うことから、真の問題解決が始まるといえます。

同じ過ちを繰り返さず、失敗から学び、人生を切り開いていける人は、そのように「解釈」から事実を見直すことができるのです。

対して、問題を繰り返してしまう人は、みずからの解釈でゆがめられた事実に縛られてしまっています。自分が見ている事実が「本当ではない」かもしれない可能性など想像さえしていません。

それが、前章でご紹介した「無自覚なサブパーソナリティ」に耳元でささやかれ、コントロールされている状態です。

コントロールに気づくには、「もしかしたら、いままでの自分の考え方や解釈が根本的に間違っているのかもしれない」という問いを持てる力が必要になります。これまで使い慣れてきた手法や考え方をいったん手放してみたときに、初めて解釈の幅を広げるチャンスが訪れるからです。

ここで必要なのは、もしかすると偏っているかもしれないいまの解釈を意識化するための、ちょっとしたきっかけです。そのきっかけづくりを後押しするのが、本章でご紹介する**「脳の整理法」**。弊社の講座でもよく使っているものです。

もちろん、いったんそれまでの手法や考え方を手放したとしても、必要ならまた選び直せるので安心してください。

「自分の思考」より「本当の課題」に注目する

ある受講生が、「人生でうまくいっていないことが多すぎて、もう自分でも何が問題なのか、よくわからなくなってしまった」と嘆いていました。

いくつかのトラブルが重なって混乱しているとき、人は人生のあらゆる側面が滞るように感じ、「もう、どうしようもない」とか、「ほかに方法がない」といった八方ふさがりの気分になってしまうことがよくあります。

でも、実際のところは、猛スピードで同じような思考を反芻《はんすう》しているだけ……というケースも多いでしょう。

実際に書き出してみたら、本当に向き合うべき問題は2つや3つしかなかった……なんてことは、本当によくあるからです。

この受講生の場合も、実際に書き出してもらうと、自分の会社とプライベート、そして実家の家族のことなど人生全般に悩みの種がありましたが、いま取り組める「問題」となると、たったの3つしかありませんでした。

彼が無数に「ある」と感じていた「問題」は、実際には事実ではなく、彼の偏った解釈にもとづく止めどない思考が生み出した不安だったというわけです。

取り組むべき本当の課題が明らかになったところで、次は何を優先するかを決めてもらいました。それも、自身の心理的な負担が最も少なく、気軽に手をつけられそうな課題から、必要最低限の行動を始めただけです。

この時点で、やっと「事態が前に進みそうだ」という肚落ち感を得た彼は、ずいぶん落ち着きを取り戻し、しばらくすると状況もちゃんと好転していきました。

このときに使ったのが、これからご紹介する「脳の整理法」です。

目的は、**起きている問題や結果（偏った解釈かもしれないこと）にとらわれないで、「本当の課題」に焦点を合わせること。**「脳の整理法」を使って思考すると、頭のなかで「ああでもない、こうでもない」と湧いては流れていく思考をメタ認知できる力が自然とついてきます。

流れていく思考を意識化すると、ザワザワする感情や不安感から少し離れるので、自分の主導権を自分に取り戻すことができます。すると、起きている問題に対して偏った解釈のバイアスをかけず、出来事をありのままに眺められるようになってくるのです。

また、「脳の整理法」は、現状把握だけではなく、さらに簡単な質問を自分に投げかけることで、**「私はどうしたいか」「そのために、いま何ができるか」を具体的に導き出すところまで持っていけるのが最大の特徴です。**

みずからの偏った解釈に気づき、新たな解釈を選び直すための思考法として非常に有効なやり方なので、ぜひ身につけてみてください。

ジャーナリングを活用する「脳の整理法」

私自身も自分の現状把握のために習慣的に行っている「脳の整理法」は、大きく分けて次の3つのステップを踏みます。

・脳の整理法 ステップ1 **自己内対話で思考の棚おろしをする**

・脳の整理法 ステップ2 **「主体的に決める」ための4つの質問をする**

・脳の整理法 ステップ3 **いま集中すべき「人生で大切なこと」に取り組む**

各ステップのやり方は、あとで詳述しますが、すべてのステップに共通する唯一にして絶対のルールは、**必ず文字にして書くこと**です。

止めどなく思考し続ける脳を整理したいときは、その思考をありのままに「書くこと」が、最も効果的かつ確実な方法です。

頭のなかだけで展開される思考は、次から次へとアップデートされてしまうものなので、続けるほどに迷いが生まれます。それどころか、イヤな記憶を何度も反芻してしまい、気分の落ち込みに拍車をかけてしまう人も少なくありません。時間ばかりが過ぎて、「結局、何をしたらいいのかわからない」と堂々めぐりに陥りやすいのです。

一方、頭に浮かんだことをそのまま「書く」行為は、書いた文字に意識が向くので、止めどない思考や反芻を落ち着かせる効果があります。マインドフルネスを実践するための手法のひとつに、書く瞑想《めいそう》ともいわれる**「ジャーナリング」**というものがありますが、これがまさにそうです。

「ジャーナリング」の効用は、さまざまな心理学者が認めるところで、マインドフルネスにいち早く着目したあのグーグル社でも、社員のメンタルヘルスケアとして推奨されているようです。なかでも興味深いのは、テキサス大学オースティン校教授で社会心理学者のジェームズ・W・ペネベーカーによる論文でしょう。

ペネベーカーらが行ったある実験では、大学生を2つのグループに分け、それぞれに1日15分間のジャーナリングを4日間続けてもらいました。そのうちのひとつのグループには感情的に大きな影響を受けた出来事について書かせ、もう一方のグループには自分の感情には関係のない日常的なこと（たとえば、天気や道端で見かけたものなどについて）を書かせたそうです。

すると、前者のほうは、日常的なことを書いたグループに比べて心身の健康が大幅に向上しました。以後も、この習慣を数カ月続けることで、免疫機能の向上や通院回数が減るなど、さまざまな変化が見られたそうです。

この実験結果は、人の感情と心身の健康がいかにつながっているかを示唆していると思います。そういった意味も含めて、**いまの自分の状態を正しく把握するためには、記憶より「記録」を使ったほうが効果的なのです。**

自分の思考を書きとめるときは、最初からたくさん書こうなどと意気込む必要はありません。1日1行でも構わないので、なるべく毎日書いて、習慣化することをおすすめします。

紙とペンがあれば数分でできるので、試しに、いま、あなたの思考のなかでとくに大きなウェイトを占めている気がかりや心配ごと、解決したいことを思い浮かべながらら、さっそくペンをとってみてください。

脳の整理法 ステップ1

自己内対話で思考の棚おろしをする

私たちはある問題や出来事などについて考えるとき、頭のなかで繰り返し会話のキャッチボールを行っています。

- **「なぜ、こんなことが起こった？」**
- **「これは誰の責任だろうか？」**
- **「いま、やらなければならないことは？」**
- **「でも、あの人はなんていうかな？」**
- **「もし失敗したら、どうする？」**

これが**「自己内対話（セルフトーク）」**です。

ステップ1の目的は、**脳内で行われている自己内対話を、頭の外で「見える化」することです。**

ここでは、書き方や文章のかたちにこだわったり、内容を選別したりといった作為をしないことがポイント。上手《じょうず》に作文することが目的ではないので、**頭のなかに浮かんだ「声」を聞いたままにメモするようにしてください。手に任せて書いてしまって大丈夫です。**

103ページの図2のように、よくあるスマホのメッセージアプリの画面をイメージして、友だちに愚痴《ぐち》っているつもりでやるのもおすすめです。

実際にはとても言えないような不満を吐き出しても構いません。誰かの悪口だって大丈夫です。

自己内対話を文字にすると、「こう思っていた、こう感じていた」を「メタ認知」することができます。頭のなかを飛び回っていた思考を捕まえて外に出し、ノートの上に並べていくようなイメージです。

思考は非常にハイスピードなので、全部を書き出そうとしても、とうてい追いつか

図2 自己内対話のイメージ

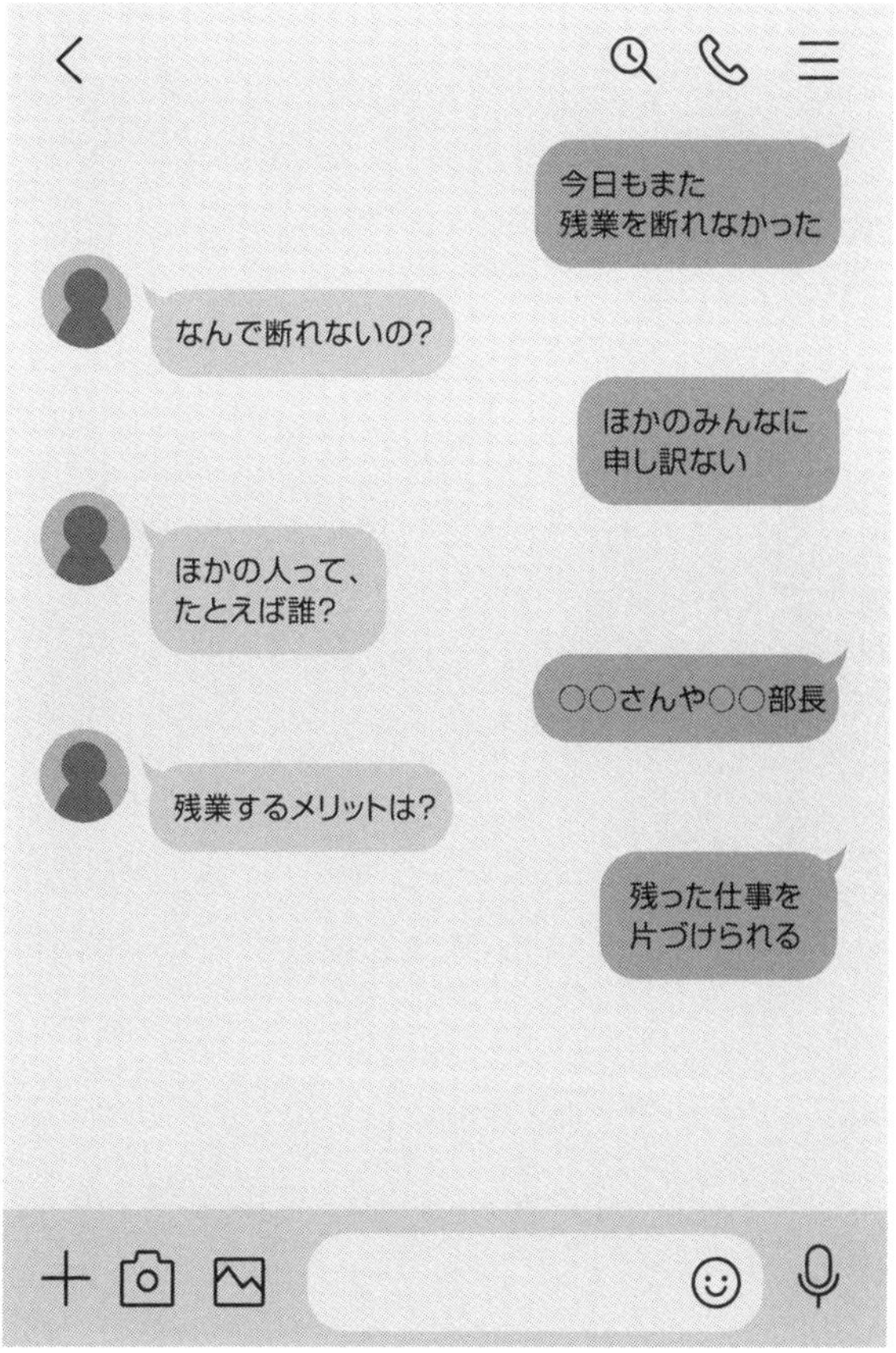

ないかもしれません。どの思考を捕まえて書き出したかも、重要なヒントになるでしょう。

だから、書ける範囲で大丈夫ですし、書き方に上手《うま》いも下手《へた》もありません。

また、書く量にもとくに制限はありません。「これ以上は進めたくない」と感じるなら、そのように書いて終わりにすればいいし、いつの間にか夢中になってしまうような場合もあるでしょう

実際にやるとわかりますが、書くことはデトックス効果も抜群。書くほどに心が整っていくのを感じるはずです。

書き出していると、その文字を見ることで、新たな「なぜ？」が生まれてきたり、出来事を思い出してイヤな感じがしたり、早々になんらかの答えが見えてきたり、いろいろなことが起こってくると思います。

いつも頭のなかで考えているはずなのに、いざ文字にしてみると、「あぁ、こんなふうに考えていたのか」といった気づきがあるからおもしろいものです。

得られた気づきに対して再び「なぜ？」と問いかけると、連想ゲームのようにどん

どん会話が進んでいくと思います。

次に、迷わずスムーズに書くためには、以下のコツがあります。

・**書くときのコツ1** **ウソやごまかしはNG**

・**書くときのコツ2** **感情をジャッジしない、感じなかったことにはしない**

・**書くときのコツ3** **書きたくない、書いてもしかたないと感じるのもアリ**

・**書くときのコツ4** **「なぜ、そう思った？」という問いを持つ**

では、それぞれのコツについてお伝えしておきます。

書くときのコツ1

ウソやごまかしはNG

自己内対話をありのままに書き出すことが目的なので、自分で意識できるかぎり、正直な気持ちを書くように心がけてみてください。

誰も見ない自分だけのノートなのだから、人目や評価を気にしたり、清廉潔白なかっこいい自分を装ったりする必要はないです。

もし誰かにのぞき見されるのが不安で書けなくなるくらいなら、スマホのメモ機能を使う、書いたらすぐに捨てるなど自分が安心できる方法を使って文字にしても構いません。

書くときのコツ2
感情をジャッジしない、感じなかったことにはしない

「感情には良いも悪いもない」でしたね。

たとえば、「Aさんが嫌いだ」といった気持ちを素直に書き出したくないなら、「書けない」ことに重大なヒントがあります。

「人の好き嫌いをしてしまう自分はかっこ悪い、ダメ人間だ」といったふうに、感情をみずからジャッジしているのかもしれません。

それこそ、「こう感じる自分はダメ」と感じている自分に気づく最高のチャンス。だから、あらゆる感情も否定したり、なかったことにしたりしないよう注意してください。

目的はあくまで「出来事や感情の棚おろし」であって、本当の思いをテーブルの上にただ広げること。出来事やあなたの能力を評価することではありません。

書くときのコツ3 書きたくない、書いてもしかたないと感じるのもアリ

「書きたくない」と思うなら、そう書いてやめるのもアリです。

また、「こんなことして、なんになる?」といった疑いが入ってくるようなら、その気持ちを書き出します。そのうえで、「なぜ、そんなふうに思うのか?」と自分に尋ねてみると、自己内対話が案外スムーズに始まって、大切な気づきにいたる可能性もあります。

ペンを手にすると、身構えてしまって、思考がパタリと止まってしまう……といった方もいます。そういうときは、「問題はなんだっけ?」「いま、どんな気分?」「今日は何があった?」など自分に気軽に話しかけるようにスタートしてもいいでしょう。

朝や夜、家のなかや近所のカフェなどタイミングや場所を変えると書きやすくなる場合もあります。

書くときのコツ4

「なぜ、そう思った？」という問いを持つ

出来事に対して強く感じているなんらかの感情に気づいたら、「なぜ、そう思った？」と自分に尋ね、「だって」という書き出しから自分の気持ちや考えを書き出してみましょう。

「だって」から始まる文章のなかに、「その感情はどんな解釈から生まれたか？」の答えが含まれています。その解釈にもし違和感があったら、少し立ち止まって、ほかの解釈はできないかを再び検討してみてください。

たとえば、「本当にその選択でいいの？」とか、「こういう解釈はいつからやっているのかな……？」と問いかけてみたら、自分を動かしていた「無自覚なサブパーソナリティ」が意識化されるかもしれません。

脳の整理法 ステップ2

「主体的に決める」ための4つの質問をする

新たな気づきを得るだけでも脳を整理する効果は十分に得られていますが、この気づきが自分の今後の行動に影響すれば、現実の変化はもっと加速していきます。

しかも、その行動は、**できるだけいまの自分に負担がない、簡単なものだとよりよいはず**。これを見つけることが、ステップ2の目的です。

自己内対話で得た気づきを「そうだったのか」だけで終わらせないための、重要かつ効果的なワークをご紹介します。

問題や出来事に対する自分の思考や感情の棚おろしがある程度すんだら、そこで気づいたことをもとに、次の4つの質問を自分に投げかけてみましょう。

- **質問1 最も避けたいことは？**

（恐れていることは何？　何から逃げたい？　目を背けたい？）

・質問2　**結局、どうなればいい？**
（どうなったら or 何が得られたら「満足」できそうか？）

・質問3　**ひとつだけ選ぶとしたら？**
（いま、生活や人生で最も大切なのは？　これだけは守りたいものは？）

・質問4　**そもそも、何を目的としているか？**

それぞれの解説はあとで詳述しますが、この4つの質問は、あなたが解釈の幅を広げ、問題を解決したり、出来事にうまく対処できたりするようになるための「最初の一歩」を導きやすくするような役割を持っています。

ここでいう「最初の一歩」は、質問に答える過程であなたの内側から出てくるもの。現在のあなたには見えていない（あるいは見ようとしていない）「課題」のことです。

つまり、**4つの質問は、あなたが本当に取り組むべき課題を焦点化するためのヒントを教えてくれます。**

それでは、1問ずつ内容を見ていきましょう。

ステップ1と同様に、お手元に書くものをご用意ください。

質問1 最も避けたいことは？
（恐れていることは何？ 何から逃げたい？ 目を背けたい？）

その出来事や問題において、あなたが最も恐れていること、イヤだと思っていることを書き出してみてください。

ステップ1で捕まえたなんらかの価値観や解釈、感情のなかに答えが出ている人も多いと思います。そのなかでも、とくに拒否感を抱いていること、できれば避けて通りたいことは？

答えが出てきたら、その恐れやイヤなことは本当に事実なのか（存在するのか）、絶対に避けては通れないことなのか、事実を別の視点で見ることはできないか……といったことを探ってみるといいでしょう。

たとえば、「自分に力がないことはバレたくない。バレたら仲間に入れてもらえなくなる」という答えだったとしたら、次のように視点を変えてみます。

- **「力がないと、本当に仲間に入れないのか？」**
- **「仲間に入れるかどうかを力で測っている仲間って、どうなんだ？」**

こんなふうに、別の角度から「避けたいこと」を眺めてみて、今後も本当にその方針を採用し続けたいのか、それでいいのかといったことを考えてみると、気づきが促されると思います。

暗闇にうごめくものをなんでも怖いように感じるのと同じで、**「怖いと思っていたもの」を頭のなかから拾い上げ、ちゃんと意識化してみるだけで、じつはそれほど恐ろしいものではなかった**……といった気づきを得られるケースは、実際のところ本当によくあります。

恐れの正体がある程度明らかになったと感じたら、次の質問に行きます。

質問2 結局、どうなればいい？

（どうなったら or 何が得られたら「満足」できそうか？）

この質問のポイントは、「満足」という言葉にあります。

「どうなりたいか？　どうしたいか？」という質問だと、自分の本心とはズレたところにある与えられた価値観、世間の目を意識した理想像などが出てきてしまう場合があるので、わざわざこのような問い方にしています。

たとえば、仕事で悩んでいた場合、その仕事がうまくいかなくても、「お金が一生分あったら」満足して、問題のことなどどうでもよくなる、と考えているかもしれません。

ダイエットに失敗してしまったとしても、恋愛や仕事さえうまくいけば、「やせなくても満足」と思えるかもしれないのです。

人生に対して何かが足りない、満足できない……といった漠然とした感覚を抱いている人は、「どうなったら満足か」と聞かれると、とたんにわからなくなることが、じつはよくあります。

つまり、この質問には、**「そもそも何が問題だったかな……?」という前提を見直し、リアルな課題に迫る効果があります。**

そのあたりを踏まえたうえで、再び自分に質問してみてください。

もし、いままで捉えていた問題の見立てが違っていたとわかったら、それはかなり大きな前進といえます。

質問3 ひとつだけ選ぶとしたら?

(いま、生活や人生で最も大切なのは? これだけは守りたいものは?)

この質問の意図は、実態のない理想や目標ではなく、自分が実際に行動するときに採用している「大切なこと」「譲れないこと」を、ありのままに知ることです。

たとえば、洋服を選ぶときはどうでしょうか。理想としては「これが好き」という基準で選びたい気持ちがあっても、実態としては「流行遅れにならないこと」「安さ」

「この体型でも着られること」などが最優先されているかもしれません。

もし、そうであるなら、今後もその選び方をし続ける自分でありたいのかを考えてみていただきたいのです。

リアルに大切にしているのは、実際に採用しているほうの基準です。なぜなら、人はそのときの自分に最もメリットがあると感じることを必ず選択しているからです。

しかし、「メリット」と「こうありたい」は、似ているようでまったく違います。

この前提を踏まえて、**あなたが普段の生活や人生の選択においてリアルに選択している価値観、条件、基準などを振り返ってみましょう。**今回の課題に挙げている問題と同じテーマで考えてみるといいと思います。

仕事の問題なら、「私が仕事をするうえで、実際のところ、いちばん大事にしてきたことは？」

結婚生活の問題なら、「私が結婚生活において、これだけは譲れないと思っていることは？」

答えを見つけたとき、何か違和感があるようなら、**「本当にそれでよかったのか？」**

という問いを自分に投げかけてみてください。

質問4　そもそも、何を目的としているか？

現状、あなたが問題解決のためにしている行動や取り組み方は、「そもそもの目的」を達成するために本当に有効でしょうか？

最後の質問では、ひとつの問題や出来事にとらわれすぎて、そもそもの目的を見失ってはいないかを振り返ってみます。気づけば、手段が目的にすり替わっていた……などということがよく起こるからです。

ちょっとズレていると感じることもあれば、間違ってはいないけれども効率がよくないな……などと気づくこともあるかもしれません。

質問1〜3で得た気づきも、思考の材料になります。

問題や出来事を「そもそもの目的」から見直したとき、いつの間にか見失っていた選択肢や、見えていなかった可能性があることに気づくと思います。それを探ってみてください。

脳の整理法 ステップ3

いま集中すべき「人生で大切なこと」に取り組む

ステップ3の目的は、**「人生でいま最も必要なことだけに集中し、不要なことを捨てる」**ことです。

「4つの質問」から得た気づきをもとに、いま、あなたがいちばん「やらなければならない」と思ったこと、「これが大事」と感じたことをひとつピックアップし、それに集中します。

同時に、それと両立するのは難しいこと、いまの自分にとってあまりにも負荷が大きいことや、いま頭を悩ませたところでどうにもならない課題、もう不要だと感じた日々のタスクなどは、思い切ってすべて後回しにすると決めます。

このとき、あれもこれも同時進行でやってしまおう……といった考え方は、逆にすべてを停滞させるので気をつけましょう。

大切なことを選ぶのは、それ以外を捨てることです。慣れるまでは難しいので、

「神さまが、ひとつだけかなえてくれるとしたら、どれか」といった視点で考えてみるのもアリでしょう。

ひとつに絞れば、「人生でいま、最も必要なこと」に取り組む余白ができます。

思考の堂々めぐりから抜け出すための「脳の整理」は、これで完了です。

脳が見せてくる「幻想」から自分を解放する

自分がいますべきこと。そんなたったひとつの答えを見つけるまでに、私たちがいつも遠回りしがちなのは、脳が見せてくる幻想に、それだけ振り回されてしまっているからです。

時短や効率化、生産性を優先し、たくさんの課題を消化してスケジュールを詰め込めば、あれもこれも全部できるようになる、手に入れられるといった「理想」は、脳が抱かせる幻想にすぎません。

私たちは、パソコンやスマホなどの便利な道具を手に入れたはずなのに、忙しさは増すばかりです。

ワーク・ライフ・バランスといって、仕事もプライベートもほどよく楽しむといった考え方がありますが、「偏ってしまってもOK！」「偏ったら修正すればいい」といった前提を持っておかないと、結局、あれもこれもバランスよくやれない自分にガッカリして、そのうち疲弊してしまうのではないかと私は感じています。

たとえば、おいしいものをたくさん食べたい欲求と、やせたい欲求を同時に満たすことは物理的にできません。ひとつをやると決めたら、その時点でほかの選択肢はあきらめる、保留するといった選択をする勇気を持たないと、結局、何も実現しないまま、時間だけが過ぎていきます。

人がこのときすり減らしていくのは、じつは時間やお金だけではありません。みずからやろうと決めたことができない、そんな自分に対する自己効力感や、自分を好きな気持ちさえも、知らぬ間に目減りしていくから危険なのです。

だからこそ、**いま取り組むべき大事なことを、自分で主体的に選択し、たったひとつだけを「決める」力は、人生を前に進める大きな原動力となります。**

ほんの少しずつでも、ひとつの大切なことに手をつけていけば、結果として、ほかの大切なことに取り組むハードルも自動的に低くなっていくものです。なぜなら、やるほどに経験が確実に積み重なっていき、自分自身の力も必ずついてくるからです。

本章の終わりに、この「脳の整理法」によって、自分が知らぬ間にがっちり抱えていた「とても意外な感情」に気づき、会社の業績を右肩上がりに導いた受講生のエピソードをご紹介しましょう。

CASE STUDY 3

なぜ、経営者は「仕事ができない人材」ばかりを採用したのか

会社の人事採用がうまくいかない。

自分がいいと見込んで採用した社員にかぎって、ことごとく使えないことに悩んでいた経営者がいました。

実際にどんな基準で採用を行っていたのか、可能な範囲で聞いてみると、ある特徴が浮かび上がってきました。それは、学歴や経歴といった履歴書の内容より、会って話したときの印象を大切にしているという点です。

自分が「可能性を感じる、育ててみたい」と思える人を採用しているのに、いざ働き始めると、ことごとく結果が出ない。そんな失敗を数年間繰り返してきたそうです。

やがて、彼は自分に人を見る目がないのかもしれない……といった悩みを抱え

るようになりました。だからこそ、履歴書でわかる表面的な情報だけを頼りにせず、しっかりコミュニケーションをとって、その人の人間性などをよく見るように心がけてきたといいます。

逆に明らかな高学歴で、前職でも優秀な成績を収めているような人物を採用してみたらどうなのかと提案してみると、「優秀な人はすぐ辞めて次に行ってしまうことが多い」とか、「社員同士のバランスも大切だから……」などと言って言葉を濁しているような様子がありました。

この事例の結果を先にいってしまうと、彼はその後、採用方針をガラリと変えました。

履歴書の記載から明らかに優秀だとわかるような経験や実績も豊富と思われる人物を積極的に採用していくことにしたのです。

なぜなら、それが最も効果的で、すぐに結果が出そうな選択肢だったから。

つまり、彼は「解釈の幅」を広げてみることにしたのです。その代わりに、可能性を感じるとか、人間性を見るといった、いままで大切にしてきた方針は、いったん手放してみると決めました。

すると、業績はちゃんと右肩上がりに上向いたのです。チャレンジから数年がたったいまもなお、彼の会社は成長を続けています。

後日、弊社の講座にやってきて経過を報告してくれた彼は、「いままでの自分には、やっぱり人を見る目がなかったのかな？」と言いました。何が本当の課題だったのか、このときの彼にはまだわかっていなかったようです。

業績が上がった結果からわかることは、以前の彼が明らかに「仕事ができない人を採用していた」という非常にシンプルな事実です。彼は、どうやらこの事実に気づいていないようでした。

本当の課題は、「人を見る目がない」ではなく、なぜ、できない人材をわざわざ選んで採用していたのか……だったのです。

そこで、さっそく「脳の整理法」と同じ4つの質問を試してもらいました。すると、彼はしばらくして、自分の心の奥底にあった、ある恐れに気づいたのです。

「自分より優秀な人材を採用したら、大切に育ててきたこの会社がつぶれてしまうかもしれない」

彼が恐れていたのは、本当のところ、業績の悪化だけではありません。「自分が大切につくってきた会社が、自分より有能な社員によって奪われたり、壊されたりしてしまったら大変だ」

そんなふうに、「自分より優秀な人」に自分のテリトリーを侵されることを無意識に恐れていました。

どうやら彼には幼少期に学校でいじめを受けた悲しい原体験があったようです。記憶に残っているいじめっ子たちは、みんな自分より勉強や運動ができて、生徒間によくあるヒエラルキーのなかで最も高い層に位置する子どもたちだったといいます。

彼らに対する恐れや嫌悪感が大人になってもずっと胸にくすぶっていた彼は、自分より優秀と思われる経歴を履歴書から読み取っては、無意識のうちに「信用できない」「自分を脅かすかもしれない」といったサブパーソナリティの声に従い、採用リストから排除していたわけです。

同時に、社長である自分を素直に慕ってくれそうな「安全」な人材だけを選《え》りすぐって採用していました。自分がつねに「上」でいられる「仕事ができない」社員に囲まれていることで自分の価値を感じ、自己証明をしようとしたと同時に、そんな社員たちの姿に過去の自分を重ね、「仕事ができない」彼らを救おうとしていたのかもしれません。

彼は当初、人を見る目がないという問題の見立てをしていたのでしたね。

でも、皮肉なことに、取り組むべき本当の課題はまったく別のところにあり、「見る目」はちゃんと機能していたというわけです。

ありのままの自分を認めていないがために、結果、損な役回りをしてしまっている大人は少なくありません。これもまた、「自分にダメな部分があってはいけない」という思い込みが生み出す悲しい幻想です。

「最も避けたいこと」「どうなったら満足か?」といった「脳の整理法」の質問は、こういった思い込みをあぶり出す有効な方法のひとつでもあります。

第4章

「解釈の幅」を広げる「ペンタゴンワーク」

なぜ、ひとりで考えると悩みが解決しないのか？

前章でご紹介した「自己内対話」は、私たちが考えているあいだじゅう、頭のなかで絶え間なく行っている、少なくとも「もうひとりの私」との対話です。

「脳の整理法」は、これを高い次元から意識化することで、解釈の幅を広げるために本当の課題をしっかり焦点化し、いま、自分がとれる最適な行動を選択するための思考法でした。

「脳の整理法」は、人生におけるどんな問題にも使えるツールですが、いざ問題に対《たい》峙《じ》しようとすると思考が止まってしまったり、何を掘り下げていったらいいかわからなくなったりする方も、じつは少なくないものです。

慣れの問題でもありますが、それだけ人がひとつの思い込み、ひとつの解釈に縛られやすいのも、また事実でしょう。強い思い込みは、自分ひとりでは「思い込み」だと気づけないのです。

解釈の幅があまりにも狭かったり、選択肢が「これしかない」と思い込んだまま問題に対峙したりするのは、だから、とても苦しく、悩みの堂々めぐりになることもよくあります。

ところで、弊社の講座では、**「答えはいつもご本人のなかにある」**という前提のもとで、私たち講師が受講生たちの自己内対話をお手伝いしています。

講師の側から「答えはこれですね？」と提案するのではなく、本人にそれを探し当ててもらうために、講師がもうひとりの自分役を担当するようなイメージです。

そのときに必要なのは、クライアントが「ハッ！」と何かの気づきを得たり、視点が変化したりするきっかけとなるような効果的な「問い」です。

お正月などのテレビで、芸能人がいくつかのチームを組んでいろいろなゲームに挑戦し、得点を競い合うバラエティ番組をごらんになったことはないでしょうか？

メンバーのひとりが謎解きに苦戦しているとき、仲間がかけるちょっとしたひと言で何かに気づき、ハッとして「そうか！」と答えを見つける場面。あれこそ、まさに劇的な視点の変化が起こる瞬間です。

それと同じようなことを、他者の協力を必要とせず、ひとりでノートに書きながら実践することはできないか……そんな発想から受講生のために考案したのが「ペンタゴンワーク」でした。

他人の目線になって初めて見える「自分の本音」

相手の気持ちになって考えなさい……と言われても、難しいと感じる人は多いと思います。しかし、相手の気持ちを「相手になったつもりで想像する」ことには、実際に絶大な効果があることをご存じでしょうか？

心理療法においてよく使われる**「エンプティ・チェア」**という技法は、その効果を利用したワークです。

たとえば、2脚の椅子を向かい合わせに置き、片方を自分、もう片方を問題となっている相手の椅子とします。まずは自分の椅子に座り、目の前に相手が座っているとイメージしながら、その人に対して感じていることや言いたいことを、声に出して語りかけます。

次に、相手の椅子のほうに移動し、相手になったつもりでそこに座ります。そして、目の前に座っているあなたに対して、言いたいことや、いまの気持ちなどを声に出して伝えます。

エンプティ・チェアは、本人がなんらかの手応えを感じられるまで、この一連の動作を繰り返し行うという心理療法です。

椅子は、必ずしも2脚だけではなく、3脚以上置く場合もありますし、環境によっては座布団などを使う場合もあります。座らせる対象も、「もうひとりの自分」だったり、「問題そのもの」だったりと、取り上げたい課題に応じて応用ができます。

弊社の講座でも、心の取り扱いについて学びがある程度進んだ受講生に、このワークをやっていただくタイミングを設けています。

上司と部下、母と娘、夫と妻など、そのパターンは受講生によってさまざまですが、相手になり切ってその椅子に座るだけで、なんだか急に相手の心情が理解できたような気になり、言葉がスルスルと口をついて出てくるからおもしろいものです。

自分に対して、なぜ、あんな態度をとってきたのか、そのとき何を考えていたのか、どんな事情があったのか。

相手側を演じることで、あなたが課題に対して薄々気づいていたけれども認めたくなかったことや、あなたの側からは出てこなかった新たな視点などが、感情とともにポロリと出てきたりします。

エンプティ・チェアには、さまざまな心理的効果があることがわかっていますが、「解釈の幅」がグンと広がることも、そのひとつです。ほかの誰でもない、あなた自身のなかにあった別の選択肢に、光を当てることができるというわけです。

ただし、これをいきなり講師やほかの受講生の前でやるとなると、恥ずかしくて抵抗感を抱く方は少なくありません。とくに日本人は人前で話すことが苦手な人も多いのでハードルが高いようです。

これからご紹介する**「ペンタゴンワーク」**は、このエンプティ・チェアの効果を、ひとりで実践できる「書くワーク」として落とし込んだものです。

それでは、具体的な内容をご紹介していきましょう。

「ペンタゴンワーク」の5つの効果

139ページにある五角形の図3が、「ペンタゴンワーク」に使う基本のフォーマットです。

くわしくは、またあとでご説明しますが、五角形の真ん中には取り上げたい「気がかりや問題」を書きます。そして、それぞれの角には、あなた自身や問題の相手、相談したい親友の名前など全部で5つの「役」を記入します。

あとは、先にご紹介したエンプティ・チェアの椅子と同じ要領です。

このペンタゴン＝五角形のフォーマットを使い、あなた自身がそれぞれの立場になって「気がかりや問題」および「あなた」に対して思うことを順番に声がけしていきます。

すべての項目に記入ができたら、**書きながら得られた「気づき」を整理し、「そのうえで、この出来事をどう解釈し、これからどうしたいか」といった自分なりの答え**

を導くことができます。

これがワークの一連の流れです。

わかりやすくまとめると、ペンタゴンワークには、次の5つの効果が得られるメリットがあります。

- **①ひとりでできる**
- **②自分のなかに答えが見つかる**
- **③「解釈の幅」が広がる**
- **④出来事の意味を探ることができる**
- **⑤主体的に選べる**

では、それぞれの効果について解説していきましょう。

①ひとりでできる

誰かのサポートが不要なので、気が向いたときに気軽に行うことができ、定期的な自分の振り返りツールとしても取り入れやすく、また、人に知られたくないセンシティブな問題に取り組みたいときにも気楽に使えるツールです。

②自分のなかに答えが見つかる

誰かと対峙したり、自分の外側に答えを探したりする必要はありません。ワークで得られるのは、もともと「自分のなかにあった」答えです。だから、不思議と「肚落ち感」があったり、深い納得を得られたりするケースが多いのです。

③「解釈の幅」が広がる

自分ひとりで行うことができるワークでありながら、いろいろな視点や立場から問題を眺め、新たな気づきが得られます。つまり、解釈の幅が広げられます。

④出来事の意味を探ることができる

自分がとらわれていたひとつの解釈を手放し、事実と解釈を分けて出来事を眺めることができるようになります。「なぜ、その出来事が起きたか」「その出来事から何を学べるか」といったことを探り、前に進むための糧とすることができます。

⑤主体的に選べる

ひとつの解釈や思い込みを手放し、幅広い解釈のなかから自分なりの答えを主体的に選び直すことができます。また、その力がつきます。

「ペンタゴンワーク」の3つのステップ

ペンタゴンワークを使って、あなたの現在の課題について見ていきましょう。
ワークは次の3つのステップで行います。

・ペンタゴンワーク ステップ1 課題と人物を設定する
・ペンタゴンワーク ステップ2 他者の気持ちになって自分に声がけする
・ペンタゴンワーク ステップ3 解釈を広げ、主体的に決める4つの質問をする

自分が考えてみたい課題が決まったら、さっそく始めてみましょう。

ペンタゴンワーク ステップ1

課題と人物を設定する

まずはワークに入るための「設定」を準備します。

139ページの図3を見ながら、紙やノートに五角形を書いてください。239ページにリンクがあるので、そちらからダウンロードしていただいても構いません。

図3と同じそれぞれの角に①〜⑥までの番号を振り、それぞれの番号の箇所に、次に説明する内容を書き込んでいきます。

なお、本文中の①~⑥の番号は、139ページの図3の番号と一致しています。

①気がかりや問題を書く

五角形の中央に書き込みます。ひと言だけでもいいですし、足りなければ別紙に長文で書いても構いません。ただし、テーマはひとつのペンタゴンにつき、ひとつずつにしてください。以下は書き方の例です。

- **仕事でショックな出来事があり、立ち直れない。**
- **いまの仕事が好きかどうかわからない。転職すべき?**
- **パートナーとケンカをした。顔も見たくない。**
- **何をしても長続きしない性格をどうにかしたい。**

図3 「ペンタゴンワーク」の基本フォーマット

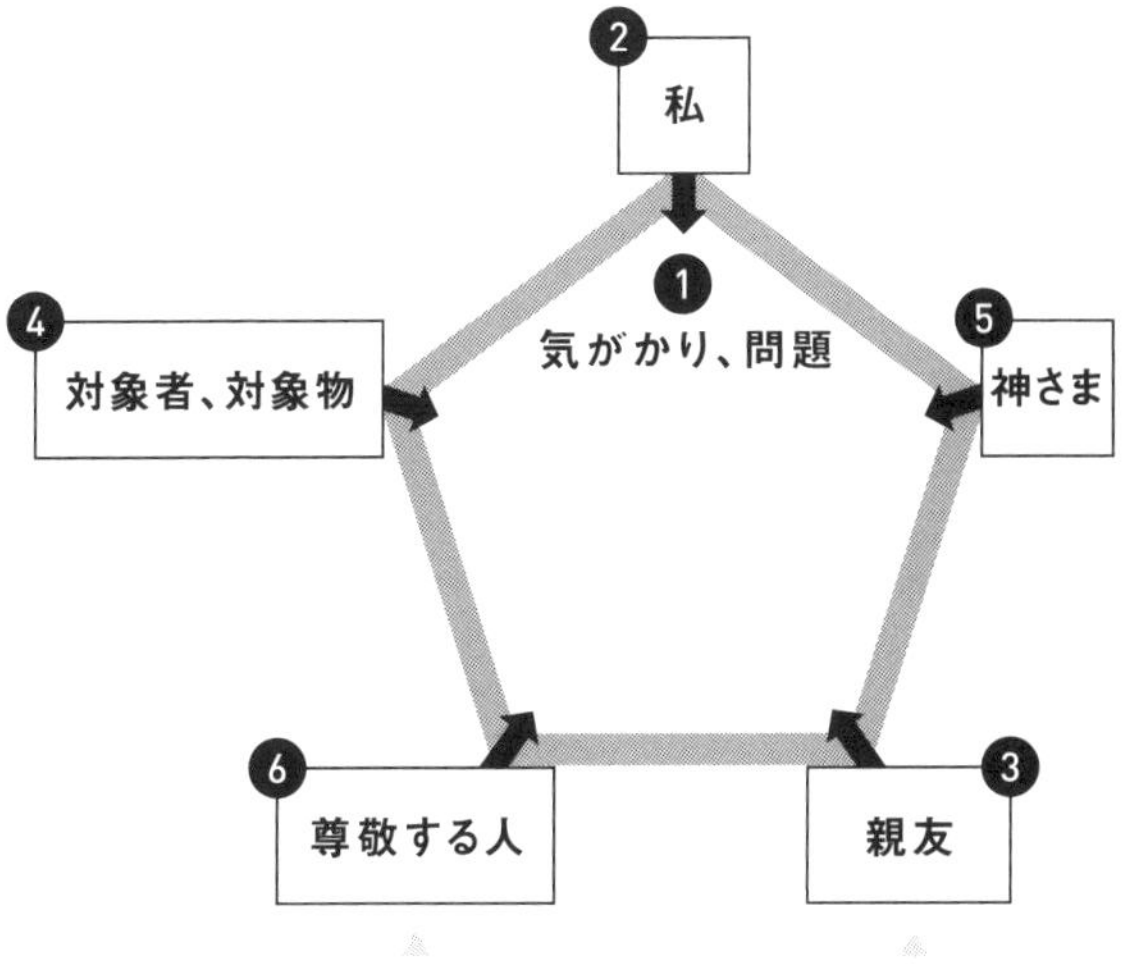

②〜⑥名前を書く

ペンタゴンワークに参加させたい面々の名前を書きます。次の②〜⑥の内容に従い、あなたがパッと思い浮かぶ人や存在の名前を書いてください。

・②私
・③親友（または家族）
・④対象者、対象物
・⑤神さま
・⑥尊敬する人

人選のコツ　③親友（または家族）

あなたをいつも身近で思ってくれている人、気軽に相談ごとをしたい人を選びます。

親友はもちろん、兄弟や親でも可ですが、パッと直感的に思いついた人を書くのがベターです。

仕事の悩みなら信頼している仕事仲間……といったように、考えたい問題に対して的確なアドバイスをくれそうな人を選ぶと効果的だと思います。

人選のコツ ④ 対象者、対象物

その問題について考えたとき、真っ先に思い浮かぶ気まずい特定の人物がいるなら、その人物の名前を書きましょう。

たとえば、「母親と折り合いが悪い」という問題なら「母親」と書きます。対象が集団なら、そのなかでとくにあなたに対して批判的な人、苦手な人物などをピックアップしてもOKです。

一方、特定の対象者がいない場合は、次のように、あなたがイメージしやすいメタファー（置き換え）を使います。

・電車に乗るのが憂鬱、会社に行きたくない→電車、朝礼、未来の自分など
・飲み会につきあうのが嫌い→居酒屋、酔っ払い、お酒、飲み会のメンバーなど
・会社の売上を伸ばしたい→ファン
・ダイエットが成功しない→揚げ物、お腹の贅肉《ぜいにく》、弱い心、すぐあきらめる私など
・恋人、結婚相手が欲しい→未来のパートナー

「会社に行きたくない」といった漠然とした悩みなら、そのなかの何を見ると憂鬱な気持ちになるのかをイメージするといいでしょう。満員の通勤電車や、意味のない会議、いつも乗っている営業車などイヤな気分を象徴する何かを書き込んでください。

また、「売上」「集客」「お金」「人気」を得たいといった問題の場合は、「お金」より、それを運んできてくれる「ファン」と書き込むのがおすすめです。

メタファーに何を設定するかは少しわかりにくい場合もあるので、143ページの図4にある気がかり&問題ジャンル別の「メタファー例の一覧」も、ぜひ参考にしてみてください。

図4 メタファーの例の一覧

仕事の悩み
「やりたいことがない」➡遊びに夢中の子ども
「自信がない」➡将来の自信にあふれた私
「転職したい」➡力を発揮している私
「電話がイヤだ」➡うまくやりたい私
「プレゼンが苦手」➡プレゼンを聞く人

人間関係の悩み
「友人がつくれない」➡友人が多い人
「気を使いすぎて疲れてしまう」➡やさしい世の中
「人目がとても気になる」➡失敗怖いくん（さん）
「いつも浮いてしまう」➡さびしい心
「関係が深められない」➡黒い私

自分の性格の悩み
「飽きっぽく、長続きしない」➡子どもの心
「マイナス思考でネガティブ」➡慎重くん（さん）
「夢中になれない」➡高い視点（鳥の目）
「間違えることが怖い」➡失敗専門家
「すぐに反応できない」➡じっくりやりたい私

その他の悩み
「将来、老後が不安」➡いきいき老人
「見た目のコンプレックスが強い」➡みにくいアヒルの子
「実家の整理が面倒」➡近所のおばちゃん
「食欲が抑えられない」➡さびしい心からのストレス
「先延ばしにしてしまう」➡チクチク罪悪感

人選のコツ

⑤神さま

この項目は、シンプルに「神さま」で大丈夫です。

特定の名前はいりませんが、あなたが「神さま」として普段から信仰している対象があるなら、その対象を書いても構いません。

人選のコツ

⑥尊敬する人

自分を導いてくれる人生の師や、尊敬している実在の人物の名前を書きます。知り合いでもいいですし、憧れの経営者やアーティスト、映画やマンガのヒーローなどでも大丈夫です。親の名前が出てくる人もいます。

ペンタゴンワーク ステップ2

他者の気持ちになって自分に声がけする

設定が終わったら、いよいよワークの本番です。

147ページの図5を見てみてください。

最初は、気がかりや問題に対して、いまの自分がどのような状況にあるか、どんな感情を持っているかを⑦の部分に書き込みます。

ちなみに、図への書き込み方は、147ページの図5のような吹き出しにすると見やすいですが、長くなりそうなら、別紙に書き出すといった方法でも構いません。

次に、③〜⑥の人物になったつもりで、いまの自分に声がけをしてやります。

ポイントは、先にご紹介した「エンプティ・チェア」と同じです。

できれば、五角形の③〜⑥それぞれの角に移動して、ペンタゴンの頂点にいるあなたや問題を実際に見ているとイメージしながら声をかけます。ワークシートをテーブルの上に置き、その周囲をグルグルと移動しながらアドバイスを書き込んでいくのが最もやりやすいでしょう。

席を移動して、あなた自身を見つめながら書くという動作にも、気づきを深める効果があります。手元でワークシートだけを回して書くようなやり方は、最初のうちはなるべく避けてみてください。

それでは、各項目の声がけのコツについて見ていきましょう。ここでは「上司との関係に悩んでいる」という問題を仮定して、声がけするときのポイントを解説します。

⑦私の気持ち（愚痴や言いたいこと）

気がかりや問題に対して、いま、あなたが感じていることを正直に記入します。具体的に書いても、ひと言で書いても大丈夫です。

トラブルが起こったばかりで感情的になっていたり、うまく書けない感じがしたりする場合は、まず「脳の整理法」などでご紹介した自己内対話をやってみるのもいいでしょう。自分の感情をじっくり確認や検証をしてからペンタゴンワークに取り組めば、より気づきが深まると思います。

・上司の顔を見るのもイヤ。
・なるべくかかわらずにすむ方法はないか？
・自分の都合ばかり押しつけてきて、部下のことを考えていない。

図5「ペンタゴンワーク」の書き方

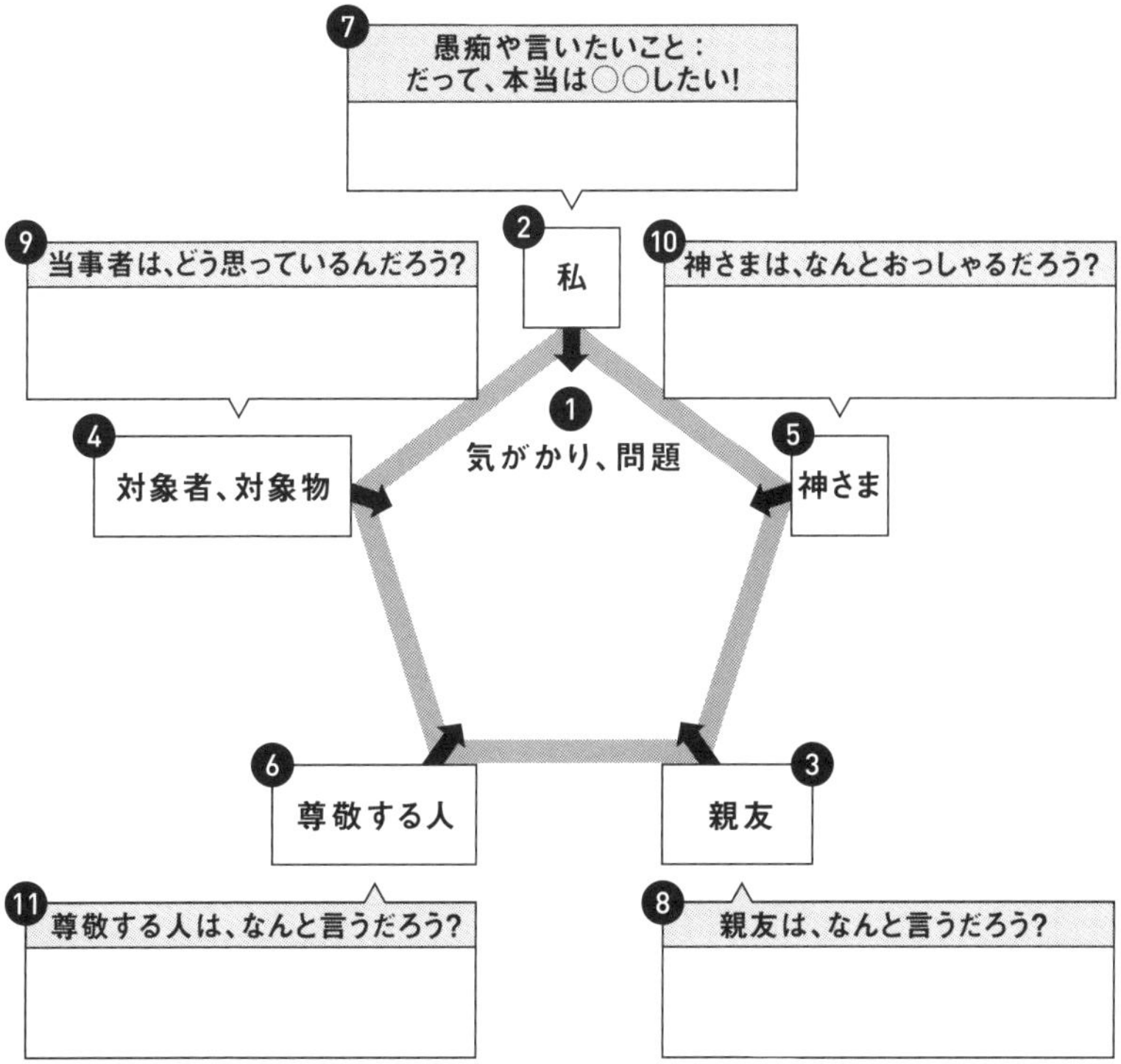
7 愚痴や言いたいこと：
だって、本当は○○したい！
2 私
9 当事者は、どう思っているんだろう？
10 神さまは、なんとおっしゃるだろう？
1 気がかり、問題
4 対象者、対象物
5 神さま
6 尊敬する人
3 親友
11 尊敬する人は、なんと言うだろう？
8 親友は、なんと言うだろう？

⑧親友（または家族）の立場で声がけ

フランクに声をかけてくれる家族や友人たち。

彼らは悩んでいるあなたに対して、どんなアドバイスをしてくれそうですか？　実際に悩みを相談しているシーンをイメージすると書きやすいかもしれません。

・いるいる。そういう上司！　どこの会社でも同じだし、しかたがないよね。
・今度、思い切って話してみたら？　案外、向こうも悩んでるかもしれないよ？
・あなたは真面目だから、ちょっと気にしすぎてるんじゃないかな。

⑨対象者、対象物の立場で声がけ

ここでは、あなたが当事者についてどう思うかではなく、当事者側からあなたや問題を見るのがポイントです。相手側は、あなたに対してどんなことを思っている、言いたがっていると思いますか？

・つらいかもしれないけれども、部下の成長を思ってやっていることだ。

・こちらも、あなたに対してどう接したらいいか悩んでいる。

・会社の状況が大変だから、いまは部下のケアまで手が回らない。

ちなみに、人ではなくメタファーを設定している場合も考え方は同じです。

「ファン」を設定しているなら、彼らから見て、いまのあなたはどんなふうに映っているか？

「通勤電車」なら、悩めるあなたを毎朝会社まで運んでいる電車になった気持ちで、暗い顔をしているあなたに声をかけてやります。

「そんなにつらいなら、今日は電車に乗らなくてもいいんじゃない……？」なんて、やさしいことを言ってくれるかもしれません。

⑩ 神さまの立場で声がけ

さぁ、あなたをいい方向に導いてくれる神やヒーローは、いまのあなたを見てどんなアドバイスをしてくれそうですか？　もし迷ってしまうようなら、その課題をなるべく高い視点（神の視点）から見る……といったことを意識すると、より書きやすくなると思います。

・その状況を生かし、人とのつきあい方を学びなさい。
・すべての人とうまくやれる必要はない。気にするな！
・自分のやるべきことに集中すればいい

⑪ 尊敬する人の立場で声がけ

神さまよりリアリティがある憧れのあの人は、こんなとき、あなたに何を伝えてくれるでしょうか？　実際に相談に行ったところをイメージしながら書いてもいいでしょう。

・そのくらいの試練は、人生につきものだよ。
・君のよさがわからないなんて、つまらない上司だな！
・自分から相手を理解しようとする姿勢が大事だよ。

ペンタゴンワーク ステップ3

解釈を広げ、主体的に決める4つの質問をする

ペンタゴンワークを使ってさまざまな立場から課題を眺めていると、**アドバイスを書いている段階で、どんどん気づきが始まっていきます。**

あんな考えも、こんな見方もある……と振り子のように揺れる思考から、課題に対する解釈の幅が少しずつ少しずつ広がっていくようなイメージです。

ワークのまとめとなるステップ3では、この気づきをヒントに、次の4つの質問に回答していきます。

- 質問1 **ワークをやりながら気づいたことは何？**
- 質問2 **この気がかりや問題が今後どうなればいい？**
- 質問3 **絶対に避けたいことは何？**
- 質問4 **さっそくやってみる最初の半歩は？**

ペンタゴンで得られた「解釈の幅」を活用しながら、課題に対して今後どんな働きかけができそうか、ぜひ検討してみてください。

ここでも、先ほど挙げた「上司との関係に悩んでいる」という課題を例に、解答のコツをご紹介します。

質問1 ワークをやりながら気づいたことは何？

五者五様の立場から自分に声がけをしているとき、あなたが最も気になったことや、新たに気づいたことなどを書き出します。ポイントは、あなたの視点がパッと変わったり、「そうか！」といったひらめきを得たり、心に引っかかったりしたことなどをピックアップすることです。

誰の意見で気づいたかも、大切なヒントになります。自分と誰の意見が似ていたとか、みんな意見が同じだった、ひとつだけ変わった意見がある……など気になったことは書きとめておきましょう。

・しばらく自分のことに集中しておいたほうがいいかもしれない。
・いまは繁忙期だから、向こうも何もできず、困っているかもな。
・もしかしたら、気にしすぎだろうか。

質問2 **この気がかりや問題が今後どうなればいい？**

近々起こってほしいなと思う自分自身の変化や、予想できる範囲の好ましい展開などを書きます。「最終的にどうなればいいいか」といった意味ではないので気をつけてください。

- **現場で一緒になる機会が減ると助かる。**
- **社内の状況が変わって、意思疎通がしやすくなるといいいな。**
- **深入りしたくないし、お互い自然に距離を置けるようになればいい。**

質問3 **絶対に避けたいことは何？**

この課題において、あなたが最も避けたい「最悪のケース」を挙げてください。これだけは回避したいという事態は、どんなものでしょうか？

・失敗を恐れて何もしないこと。
・トラブルを起こして、仲が余計に険悪になること。
・この上司のせいで自分が社内でいづらくなること。

質問4　さっそくやってみる最初の半歩は?

これまでの気づきを判断材料に、課題に対してさっそくアクションを起こすなら、どんなことができそうですか?「半歩」ですから、明日からでもすぐにできそうな、なるべく簡単なことを挙げるといいでしょう。

・コミュニケーションを最低限に抑えて、火種をつくらないようにしよう。
・ひとまず周囲と歩調を合わせながら様子を見ておこう。
・悩んでいるより目の前の仕事のほうを楽しもう。

「私」と「敵対」する存在など誰もいない？

ペンタゴンの図を見るとわかるとおり、五角形のうち、「私」の向かい側には角がなく、そこには誰もいません。

敵対している問題の当事者でさえも、あなたの隣に座って、自分の思いを語りかけているという構図になっています。

興味深いことに、弊社の講座でペンタゴンワークを実施するとき、「当事者」から「私」に対して恨みつらみの言葉ばかりが出てくるといった受講生は、ほとんどいません。

私たちは、苦手な人や困った人と対峙しているとき、相手がこちらに対してどれだけイヤなことをしてくるか、目ざわりな存在かといったことばかりに考えをふくらませがちです。

しかし、**ペンタゴンワークでは、相手の気持ちを想像するのではなく、相手の場所**

から見ることによって、「相手になったつもりで」、さらに「自分に対して声がけをする」ので、それまでの視点がおもしろいくらいにパッと引っくり返るのです。

「私」がそれまで想像していた相手の声が、どんなにネガティブに偏っていたとしても、いざ当事者の側になってみると、まったく別の景色が見えてくるから不思議です。

それまで「イヤな相手」としか見たことがなかった当事者から、「こういう事情があったことをわかってほしい」とか、「こちらも正しいと思ってやっている」といった声が、案外スムーズに聞こえてくるのです。

自分が「あれは敵だ」「問題だ」と見なして戦っていたものも、じつは見方と解釈次第ではそうではなかったのかもしれない……ペンタゴンワークをやってみると、「相手の立場になって考える」ことの効用が実際に体感できるから驚きます。

誰かをことさらに敵視することや、何かを問題視するといった「偏った解釈」に自分がいかにとらわれ、感情を揺さぶられていたかに気づかされるからです。

五角形の図が示しているとおり、「私」と敵対している誰かや何かの声もまた、あなたの解釈の幅を広げ、主体的な選択を促すひとつの大切なヒントとなってくれます。

「神さまの声」が教えてくれること

弊社の講座でペンタゴンワークに取り組んだ受講生を見ていると、自分が「意外と」多くの選択肢を持っていたことに気づき、ハッとする方が多いようです。

人は自分自身の経験にないことを、解釈のひとつとして持つことはなかなかできません。

しかし、**「あの人ならどう思うかな……？」**という問いなら別です。この問いから、自分では選ばないかもしれない解釈の幅を持ってみることは可能だからです。

身近な友人から神さままで、ペンタゴンワークにいろいろな登場人物を用いる理由はここにあります。

とくに人によって個性が出やすいのは「神さま」の声でしょう。

普段、そのような存在を意識しない人でも、意外にスルッとアドバイスの言葉が出てくるケースが多いのです。

なぜなら、**当人にとっての「神さまの声」は、その人なりの出来事の乗り越え方、頑張り方といったものの傾向を表していることが多いからです。**

「どうにかなるさ」とか、「好きなようにしたらいい」といった声をかけてきたおおらかな神さまなら、ご自身も苦境に立たされたり、しんどさを感じたりするとき、「なんとかなるさ」と気楽に構えて頑張ろうとするタイプかもしれません。

「この程度であきらめるな！」「しっかり○○しなさい」といった強い言葉をかけてきた厳格な神さまなら、いつもそうやって自分を奮い立たせながら出来事に臨んでいることが多いのではないでしょうか。

ある男性の受講生で、神さまの項目にとても特徴的な答えを書いた方がいました。

毎月一定レベルの売上はあるものの、その次の壁がどうしても突破できないという課題を持っていた経営者です。

友人や尊敬する人物のところには「君はよくやっている」などの肯定的な意見を書き込んでいて、当事者であるクライアントの欄にも「いつもありがとう」といった言葉が書かれていました。

しかし、ただひとつ、彼は神さまの欄にだけ、こんなふうに書いていたのです。

・「お母さんは、なんて言うだろうね？」

「お母さん」という存在が、なぜか神さまの声として出てきました。

とても特徴的な答えだったので、ご本人にも聞いてみたところ、何も考えずにパッと出てきた声がこれだったそうです。自分自身でも思わぬ答えが出てきたことにたいそう驚いていました。

そして、彼は「もしかして向き合うべき問題がほかにあるのかな……？」といった新たな気づきを得て、母親との関係性の見直しを始めました。

自分のなかの神さまともいうべき存在が「お母さん」というキーワードを出してきたことには、何か大きな意味があるのかもしれません。

とくに親は当人のアイデンティティの形成に深くかかわっている存在です。

ワークをやりながら「母親」「父親」といったキーワードが頭に浮かんできたら、そこには何か特別なヒントが隠れているのかもしれません。

「サブパーソナリティ」が教えてくれること

ペンタゴンワークで探る「私」以外の声は、いわば、あなたのサブパーソナリティの声ともいえます。

まぎれもなく、あなたの内側から出てきたその声のなかに、気づかないふりをしてきた自分の本音や本望が含まれていることもよくあります。

ここでは、ペンタゴンワークをやって自分の思わぬ本音に気づいた2人の受講生のエピソードをご紹介しましょう。それぞれが書いたペンタゴンワークの図も掲載しています。

CASE STUDY 4

「仕事を安定させたい」の裏側にあった本当の気持ちとは

ペンタゴンの中央に「売上の安定のために人を雇うべきか？」と書いた男性の受講生がいます。

行政書士事務所を営む彼は学生時代から成績優秀。小学校時代に両親の離婚を経験しており、兄弟で鍵っ子だったことから、自立心が高く、真面目な方です。

彼ひとりで営んできた事務所は、少しずつ業績を上げながら、なんとか5期目に入り、いよいよクライアントも増えてきたというタイミングです。

ひとりで回せないほどの多忙を感じることもあるけれども、かといって人を雇って事業規模を拡大させることには不安もある。さて、どうしたものか……といったお悩みでした。

そんな彼が書いたペンタゴンが163ページの図6です。まずは彼が書いた図

図6 CASE STUDY 4の「ペンタゴンワーク」と「4つの質問」の答え

仕事を安定させたい

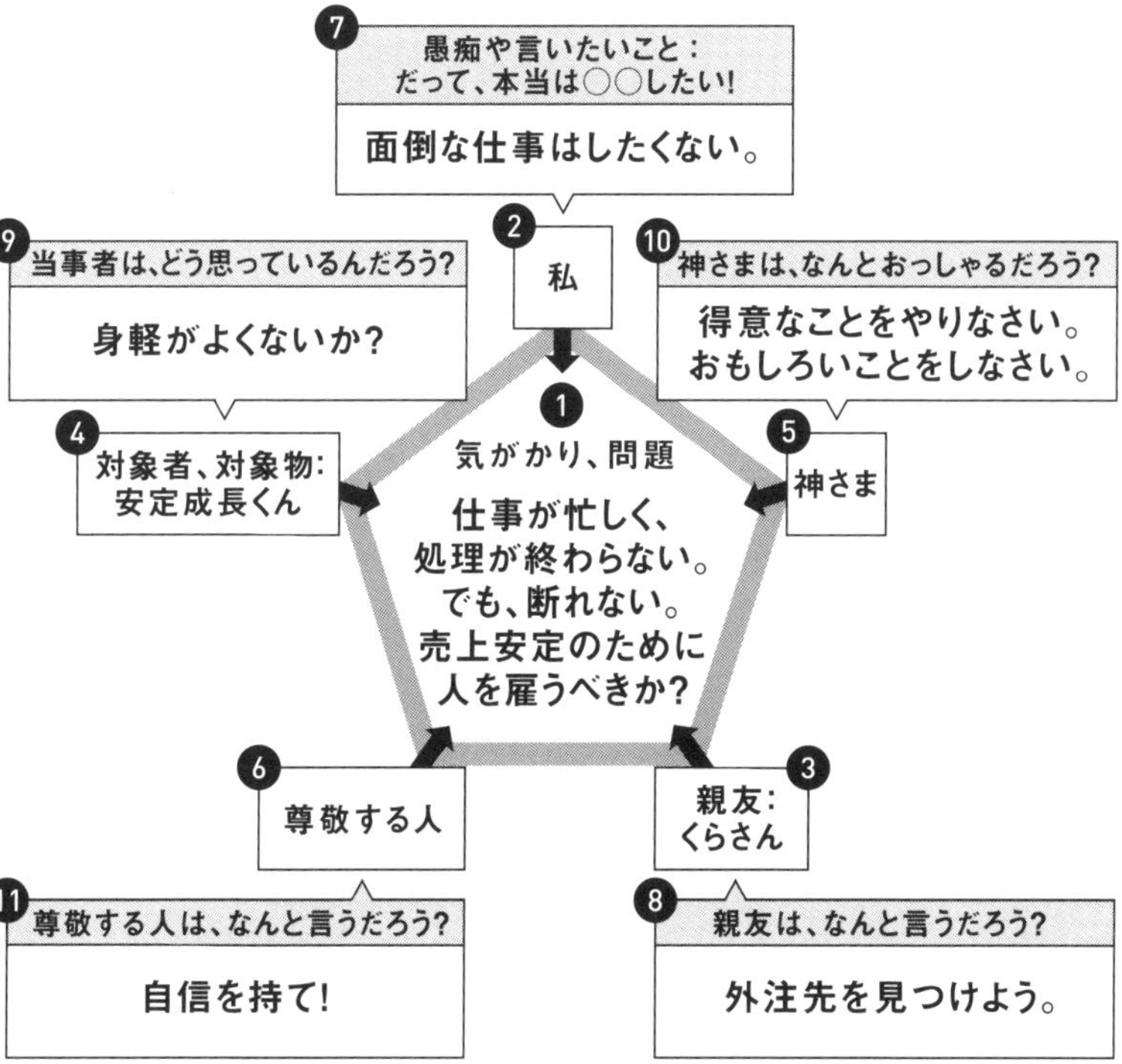
7 愚痴や言いたいこと：だって、本当は◯◯したい！
面倒な仕事はしたくない。
2 私
9 当事者は、どう思っているんだろう？
身軽がよくないか？
10 神さまは、なんとおっしゃるだろう？
得意なことをやりなさい。おもしろいことをしなさい。
1 気がかり、問題
仕事が忙しく、処理が終わらない。でも、断れない。売上安定のために人を雇うべきか？
4 対象者、対象物：安定成長くん
5 神さま
6 尊敬する人
3 親友：くらさん
11 尊敬する人は、なんと言うだろう？
自信を持て！
8 親友は、なんと言うだろう？
外注先を見つけよう。

質問1

ワークをやりながら気づいたことは何？

なんでも受け入れようとしていた。

質問2

この気がかりや問題が今後どうなればいい？

できれば得意なこと、好きなこと、疲れないことをしたい。

質問3

絶対に避けたいことは何？

安請け合いをして疲れる。

質問4

さっそくやってみる最初の半歩は？

外注先を探す。やりたいことを見つける。

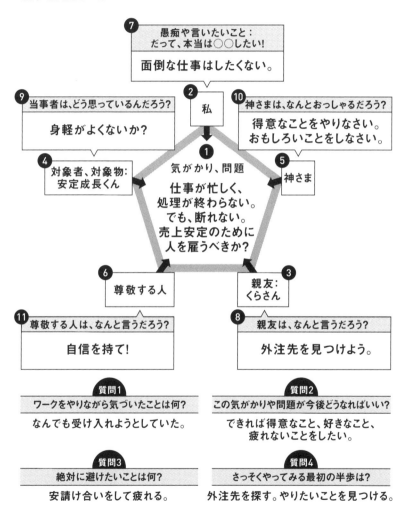

とワークから得た気づきをごらんください。

ペンタゴンに記入してもらいながらヒアリングを行ったところ、彼が目指していることは、単純な業績アップや事業規模の拡大ではないことがわかりました。いまある仕事をなるべく効率よく回しながら安定した状態を保っていきたい。それが彼が自覚している目下《もっか》の課題だったので、彼には④に「安定成長くん」というメタファーを書き込んでもらいました。ワークをひととおり終えた彼に、「気づいたこと」を聞いたとき、彼はこう答えています。

「そもそも、僕はこの仕事が嫌いなんだな、むしろ、やりたくないんだなってことがよくわかりました」

なかなか衝撃的な気づきですよね。でも、話し終えた彼の様子が、妙にスッキリしていたのをよく覚えています。

どうやら、彼は少し前から仕事帰りに毎晩お酒を飲みに行くようになっていたようです。1日の仕事の疲れをアルコールでリセットしないと家にまで憂鬱な気持ちを持ち帰ることになる。それほどまでに現在の仕事に嫌気が差してしまっているようでした。

本来、食べていくために資格をとって就いた行政書士の仕事ですから、たしかに自分がやりたいことを仕事にするような楽しさはなかったのかもしれません。

だからといって、ほかにやりたい仕事があるかといわれると、それもすぐに見つかりそうにはありません。

自分が興味のあることや得意なこと、もっとおもしろいことを仕事にしてみたい。そういった自分の望みと、収入を安定化するといった現実にどう折り合いをつけていくか。

彼はこのペンタゴンを通して、ようやく本当の課題に気づき、これから自分がどう仕事に取り組んでいけばいいかを考え始めました。

CASE STUDY 5

こんなはずじゃなかった……「成功の階段」からの下り方

自分がつくった会社の店舗にどうしても行きたくなくて、従業員とのミーティングも仮病を使って休んでしまう。そんな悩みを抱えた経営者さんがいました。

彼は50代を目前にして5店舗の治療院を運営していた、やり手の整体師。

整体治療院を多店舗展開しているという実績だけでも相当に優秀な方ですが、彼は、なんと店舗が増えるにつれて、なぜか仕事への意欲を失っていったといいます。

最近では店舗にすら行かず、自分のクライアントの施術だけを引き受けるといった仕事のしかたをすることで、なんとかそれなりの経営状態を保っていたそうです。

店舗には行きたくないけれども、社長であるからには業績を上げるよう経営戦略を練り、従業員には給料も支払わなければなりません。しかし、当時の彼は従業員と顔を合わせることさえ億劫《おっくう》になっていたといいます。

なぜ、そんな状況になってしまったのか？　どうすればいいかわからないという彼に書いていただいたペンタゴンが169ページの図7です。

そもそも、彼は弁護士の一家に育ち、両親は彼に同じ仕事に就いてほしいと思っていたそうです。しかし、彼はその期待に応えられなかった苦い挫折経験を持っていました。

だから、せめて世間に認められるような成功をちゃんと収めようと、整体師になるだけでなく、経営者として治療院を多店舗展開するところまでこぎつけたのです。

たしかに、彼の技術は業界でもレベルが高いと評判でした。指名客はあとを絶たず、そんな彼のもとで腕を上げようというスタッフも数多くいたようです。

しかし、彼は、だんだん従業員とまともなコミュニケーションがとれなくなりました。

重大な気づきのきっかけになったのは、⑤の神さまの「そろそろ正直に生きなさい」という声と、⑥の「君は経営者ではなく起業家タイプだ」という言葉だったそうです。

両親の期待に応えられなかった分、経営者として成功すべく努力してきた彼でしたが、じつは自分が「経営者に向いていないかもしれない」という視点を、ここで初めて意識的に持てたといいます。

弁護士になれなかった失敗からの挽回《ばんかい》を図り、経営者になるべくしてなった自分の仕事人生に、そのような解釈が可能だったなんて、きっと想像したこともなかったのでしょう。

彼は整体師としての仕事が本当に好きで、こだわりを持ってやっていました。しかし、多店舗展開するからには、経営者として従業員を管理する側に回ると同時に、自分と同じレベルの技術をすべての従業員に求めることを、どこかで割り切ってあきらめなければなりません。

本来なら、どちらかを選ばなければならなかったタイミングで、彼はどちらも

図7 CASE STUDY 5の「ペンタゴンワーク」と「4つの質問」の答え

会社に行きたくない

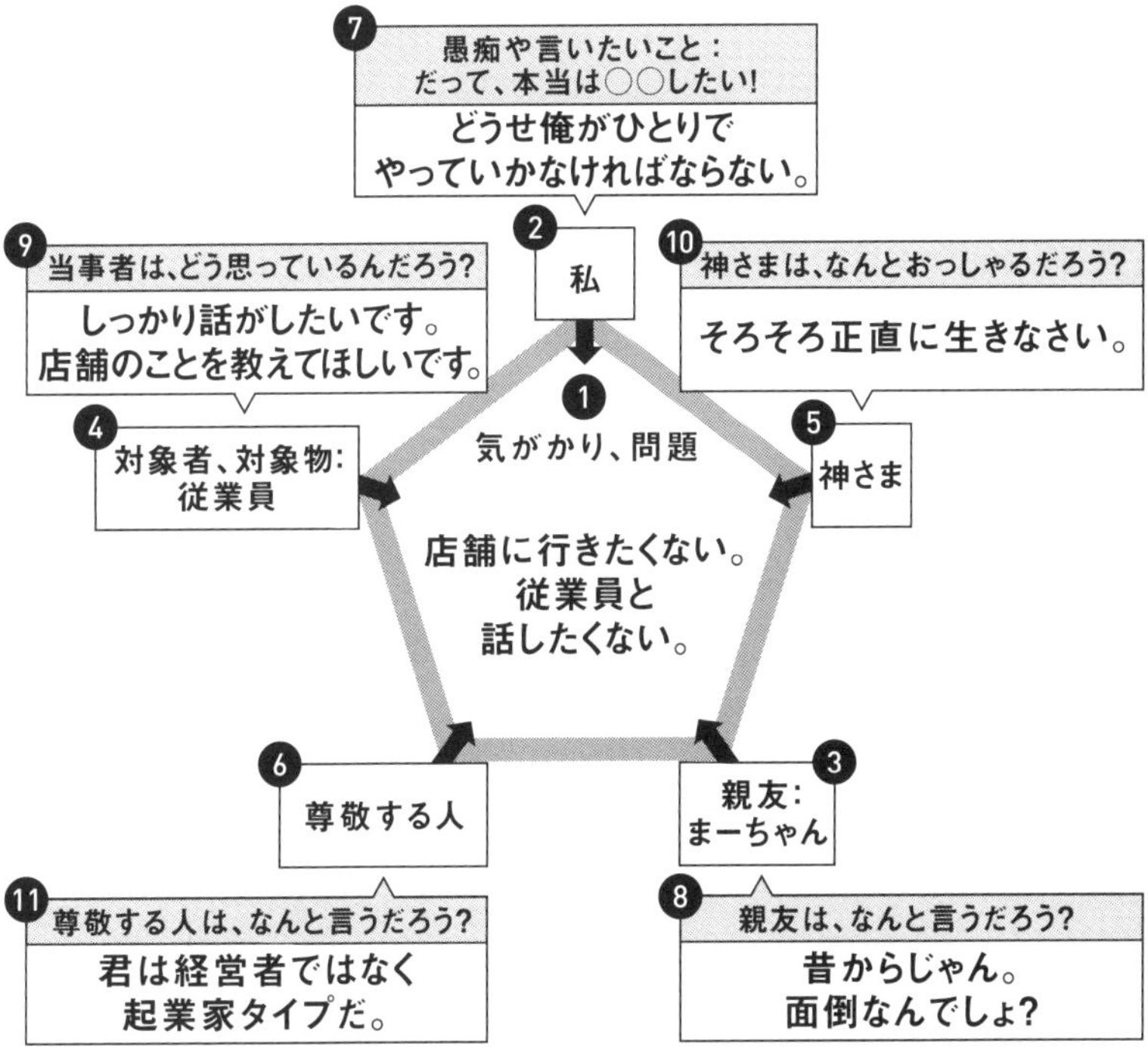

1 気がかり、問題
店舗に行きたくない。従業員と話したくない。
2 私
3 親友：まーちゃん
4 対象者、対象物：従業員
5 神さま
6 尊敬する人
7 愚痴や言いたいこと：だって、本当は○○したい！
どうせ俺がひとりでやっていかなければならない。
8 親友は、なんと言うだろう？
昔からじゃん。面倒なんでしょ？
9 当事者は、どう思っているんだろう？
しっかり話がしたいです。店舗のことを教えてほしいです。
10 神さまは、なんとおっしゃるだろう？
そろそろ正直に生きなさい。
11 尊敬する人は、なんと言うだろう？
君は経営者ではなく起業家タイプだ。

質問1

ワークをやりながら気づいたことは何？

俺は起業家で経営者ではない。
そう考えると楽になる！
得意じゃないんだ！

質問2

この気がかりや問題が今後どうなればいい？

従業員が技術を身につけて、お客さんに
喜ばれる施術ができるようになればいい。

質問3

絶対に避けたいことは何？

これ以上、自分にウソをつくこと

質問4

さっそくやってみる最初の半歩は？

自分の本当の思いをすべて書き出す。
会社のバイアウトを考える。

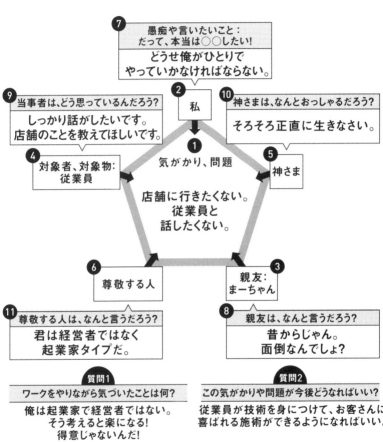

選び切ることをしないまま、おそらく無意識のうちにそれを回避したまま、目の前の数字だけを追いかけてしまったようです。

もしかすると、彼の本当の課題は、親が望む社会的に成功した自分で生きたいのか、それとも本来の自分で生きたいのかを、選択することだったのかもしれません。

そんな彼が、いま絶対に避けたいことは、「これ以上自分にウソをつくこと」でした。

それに気づいただけで、意識がパッと切り替わり、「このままではまずい」と感じたのだと思います。

間もなくして、あんなに避けていた従業員たちと少しずつ話し合いの場を持てるようになったと報告をしてくださいました。各店舗はバイアウトする準備を始めたそうです。

挑戦の末に成功をつかむことはあっても、いざやってみたら、「やっぱり違った」とか、「自分に合わなかった」こともあるのは、人間なのだから当たり前のことです。

しかし、私たちは、いったん成功の階段を上り切ったあとの「下り方」を、じつは誰にも教えてもらう機会がないまま大人になっていきます。

地位も名声もある人が、人知れず深い悩みを抱えていたり、最悪の場合、思いつめて自死を選んでしまったりする原因はこのあたりにもあるような気がします。

挑戦し、成功もしたけれども、自分には向いていなかったことを潔く認め、新たに自分のやりたいことを選び直せる勇気。これを持てる大人は、何歳になったって人生をやり直せます。

経営者としての本当の良し悪《あ》しは、終わり方で決まるのではないかと私は思っています。

「どうなれば満足する？」という究極の質問

「こうあるべき」という思い込みが強いほど、人はみずから問題という名の迷宮に入り込んでいくようなことをしてしまうものです。

ペンタゴンワークの3ステップを経ても、「本当にこれでいいのかな？」といったモヤモヤが残っているときは、「脳の整理法」でご紹介した「主体的に決めるための4つの質問」をしてみるのもおすすめです。

- **質問1** **最も避けたいことは？**
- **質問2** **結局、どうなればいい？**
- **質問3** **ひとつだけ選ぶとしたら？**
- **質問4** **そもそも、何を目的としているか？**

この質問で気づきを深掘りしてみたとき、「こうあるべき」の分厚い思い込みのなかに埋もれていた、まったく別の答えが見つかることがあります。

弊社の講座の受講生の例でご紹介しましょう。

次にご紹介する事例は、あまりにも多くの責任をひとりで背負いすぎていた、ある女性の受講生のお話です。

CASE STUDY 6

余白を埋めないと不安な経営者が「見たくなかった」本心

美容関係の会社を営む経営者であり、2児の母でもあるCさんは、「仕事と家庭のバランスをとりたい」という課題を持っていました。

子どもたちはまだまだ育ちざかりの小学生。会社員の夫も、同居している彼女の母親も、子育ては積極的にサポートしてくれるそうです。

しかし、根っからの長子気質で責任感が強い彼女は、仕事を頑張ることも、子育てを楽しむことも、どちらもあきらめたくない、どちらもしっかりやりたいといった思いを強く持っていました。

そんな彼女のペンタゴンが175ページの図8です。

彼女のいちばんの望みは、愛する家族がみんな笑顔でいてくれること。そして、子どもたちの健やかな成長です。昼間は仕事で外に出てしまう分、夜はなるべく

図8 CASE STUDY 6の「ペンタゴンワーク」と「4つの質問」の答え

不安に目を向けたくない

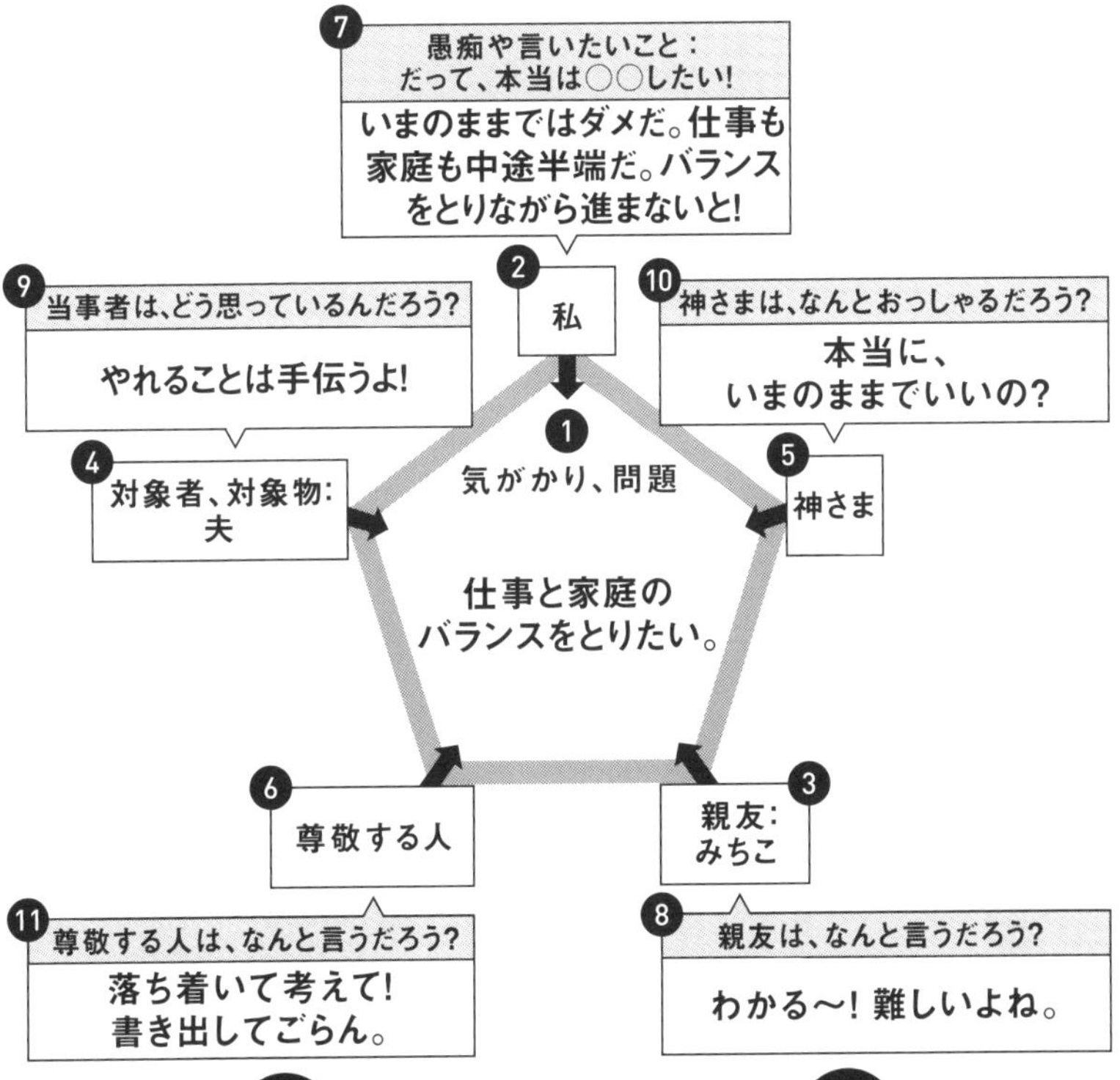
7 愚痴や言いたいこと：だって、本当は○○したい!
いまのままではダメだ。仕事も家庭も中途半端だ。バランスをとりながら進まないと!
2 私
9 当事者は、どう思っているんだろう?
やれることは手伝うよ!
10 神さまは、なんとおっしゃるだろう?
本当に、いまのままでいいの?
1 気がかり、問題
4 対象者、対象物：夫
5 神さま
仕事と家庭のバランスをとりたい。
6 尊敬する人
3 親友：みちこ
11 尊敬する人は、なんと言うだろう?
落ち着いて考えて! 書き出してごらん。
8 親友は、なんと言うだろう?
わかる〜! 難しいよね。

質問1
ワークをやりながら気づいたことは何?
私は不安を感じてるんだ。

質問2
この気がかりや問題が今後どうなればいい?
子育てもしっかりやって、
仕事もしっかりやりたい。

質問3
絶対に避けたいことは何?
お母さんに負担をかけること。

質問4
さっそくやってみる最初の半歩は?
気がかりをすべて書き出す。できる対処を
考えたら、やれることに集中する。

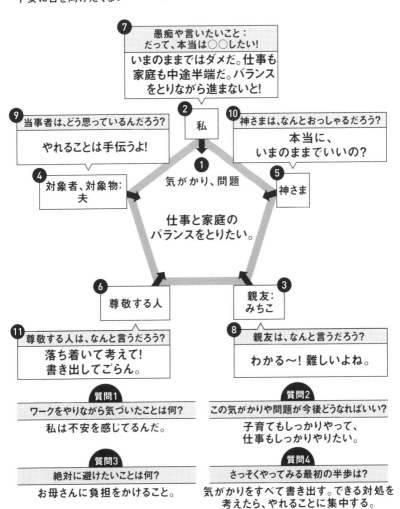

在宅でできる作業をし、家族との時間を大切にしているといいます。

その一方で、子どもたちも小学生になり、そろそろ仕事で新しいことに挑戦したい思いもありました。これまで子育てに時間を割いてきた分、世の中のトレンドから置いていかれていないか、勉強不足にプレッシャーも感じていたそうです。勉強するために、もっと在宅で稼げる方法を考えるか、それとも、もう少し時期を待つほうがいいのか……。

とにかく、「いまのままではいけない」「やらなければならない」といった考えが口をついて出てくる彼女に、私はこんなふうに聞いてみました。

「じゃあ、自分がどういう状態になれば満足できそう？」

前章の「脳の整理法」でご紹介した、あの質問と同じです。

新しい仕事ができれば満足なのか？　それとも、お金を稼げれば満足なのか？　働く夫もいて、みずから会社も経営している彼女は、子育てもしながら、なぜそんなにも仕事を頑張る必要があるのでしょうか？

ついさっきまで饒舌《じょうぜつ》に話をしていたCさんは、この質問に対して、すぐに答えを出すことができませんでした。

仕事が好きだから、自分が働かない人生は想像ができない。両親がお金に苦労しているのを見ていたから、とにかく稼げるときに稼いでおきたい。

そういって、余白を埋めるように忙しく日々を送る彼女からは、ゆっくり休むとか、休日は遊ぶといった考えがはなから抜け落ちているように思えました。お金にならない「非生産的な時間」を、できるだけ避けているようにも見えます。

あるいは、ボーッと何も考えなくていい時間ができてしまうと、都合が悪いことがある可能性も考えられます。その余白に「直面化したくない何か」が入り込んできてしまうのかもしれません。

「母の老いが来るのが怖いんですよね」

しばらくたって、やっと出てきたのが、このひと言でした。

彼女と同じ40代といったら、人生で最も忙しい年代かもしれません。

仕事と子育ての両立だけでも相当なエネルギーを使うのに、彼女の場合は会社も経営しており、近ごろは同居している母親がたびたび体調不良を訴えていることにも敏感になっていました。

Cさんの心配ごとは、じつはそれだけではありません。

彼女には発達障害を抱えている兄と、いわゆる結婚適齢期を過ぎても独身のままでいる妹がいて、将来、彼らの身に何かが起きたら、自分が面倒を見なければならない……といった不安も抱えていました。

彼女が意識できていた表面的な課題は、「仕事と家庭のバランスをとること」でしたが、そんなにたくさんの責任をひとりで抱え込んでいたら、どんな仕事を始めようと、いくらお金を稼ごうと、「満たされた気持ち」になることは難しいのかもしれません。

多くの責任と不安を抱え込んでいた自分にやっと気づいたCさんは、その瞬間、「涙が出てきそう……」と漏らしました。

それだけ不安な気持ちを抑えながら、日々を一所懸命に乗り越えていたというわけです。

しかし、この思い込みに気づいたら、あとは可能性がある対処法を試していくだけです。

　そもそも、すべての責任を彼女だけで背負うことはできませんし、そうする必然性もいまのところはなさそうです。そういった新たな解釈をもとに現実を見直していくと、いまの自分にやれることをちゃんとやっている自分が見えてきます。

　こういった将来に対する漠然とした不安は、どこかで悩むことを「やめる」タイミングをつくらないと、ただ不安なまま時間だけが過ぎていきがちなので注意が必要です。

　老後のお金が不安なら、実際のところ、何に、どれだけの金額が必要になりそうか。

　家族の介護問題が気になるなら、家の周辺にどんなサービスがあるのか、住んでいる地域のサポートなどはどうなっているのか。

　そういった具体的なところをひととおり調べてみて、自分がとれる選択肢の目安をつけておくことを彼女にはおすすめしました。

　不安に対処できる唯一の方法は、そういった具体的な学びと備えをしたうえで、

「これ以上は、もう考えるのをやめる」ことです。

これは、地震などの自然災害に対する備えにも同じことがいえます。

日々の地震速報を見て、「来るのか、来ないのか」と漠然とした不安を抱え続けることには、あまり意味がありません。そういうとき、まさに不安に対する解釈ミスが起きているといえるでしょう。不安は、どこかで意識的に終わりを設けなければ、ただ際限なくあふれてくるものだからです。

この場合、不安に対処する方法として考えられるのは、いま、できる範囲で備えをすることでしょう。あとは自分の人生の大切なことに集中すればいいのです。

不安は未来に「生かす」ために使うもの。Cさんもまた、そうして不安に対する解釈の幅を広げました。

あれもこれも頑張っているのに満たされない……といった思いを抱えている人は、自分がどのような状態になれば満たされるのかが、じつはわかっていない場合が多いのです。

仕事と家族のバランスをとりたいと言っていた先のCさんも、経済的にいま困窮しているわけではないので、本当はバランスを「とろう」と思えばとれる状態にあったはずですが、頭のなかに湧いてくる「不安という幻想」が彼女を焦らせていました。

こんなふうに、思い込みの強さゆえ、あるはずのものが見えていないときに、「どうなれば満足する?」の問いは有効です。

なぜなら、**「満足」は必ず本当の自分の望みにつながっているからです。**

「脳の整理法」で使う4つの質問は、このように、ペンタゴンワークと併用することでも効果を発揮します。気づきを深めたいときには、ぜひ活用してみてください。

「ペンタゴンワーク的な思考法」を習慣化する

ペンタゴンワークのおもしろさは、日常の些細な疑問などにも気軽に使えて、それでいて、なかなか深い洞察が得られるところにあると思います。

たとえば、明日の会議に出たくない、部屋の掃除が面倒くさいなど、ちょっとした心のモヤモヤも、ゲーム感覚で探ってみるといいでしょう。

憂鬱だった気持ちがパッと切り替わるようなユニークな視点を得たり、出来事をどう楽しみ、味わうかといったアイデアが湧いてきたりすることもあります。

友だち、あるいはビジネスにおけるチームのみんなで「幸せとは？」「やりがいとは？」など共通のお題について考えてみても、お互いの共通点や違いが発見できておもしろいのでおすすめです（巻末の付録を参照）。

人生は起こる出来事次第ではなく、出来事をどう解釈したかで変えていくことができる。

そのことを、ペンタゴンワークはわかりやすく教えてくれます。

そのうち、ワークを通した思考に慣れてくると、わざわざ図を書かなくても、心のサブパーソナリティたちが発する「声」を意識的に聞けるようになってくるでしょう。

トラブルや問題が起きたときにも、自分が見ている事実は本当なのか、ほかの解釈はできるかといったことを考えるクセがつくので、ぜひ日常のさまざまな場面でペンタゴンを活用し、自分のものにしてみてください。

次の章では、ペンタゴンワークで得た気づきを人生に生かしていく方法についてお伝えしたいと思います。

第5章

「解釈」と「事実」のズレを見直す「振り返りワーク」

ありのままの現状を認識する「振り返り」の効果

ペンタゴンワークで得た大切な気づきを行動のエネルギーに変えたら、次に大切なことは、**「リフレクション（内省）」**です。

リフレクションは、わかりやすく言い換えると「振り返り」のこと。これは間違いや失敗にだけ焦点を当てて、その原因を探る「反省」とは性質が違います。

リフレクションの主な目的は、起きた出来事と自分の行動について、客観的な視点で定期的に振り返り、ありのままの現状を認識することです。

手帳に書き込まれた過去のスケジュールを見直し、「この時期は、あんなことがあった」とか、「気づいたら、あの人とは疎遠になっていたな」などと淡々と思い返すことも一種の振り返りといえるでしょう。

人はリフレクションを行うことで、その間に起こった自分や環境の変化にあらためて気づいたり、目標の達成度をチェックしたりできます。この振り返りを材料に、課題に対してもっと効果的なアプローチ法はないかを考えたり、未来をよりよくするための思考や行動を起こしたりすることもできるのです。

だから、**人生がうまくいく人は、問題だけに焦点を当てる反省より、出来事を丸ごと見つめる内省のほうを重視します。**それは、この「振り返りの効用」をちゃんと知っているからです。

一方、せっかく課題に取り組んでも振り返ることをせず、次々と新しい課題に目移りしたり、ガムシャラに前に進むことばかりを考えていたりする人は、学びも経験も中途半端になりやすい傾向があり、もったいないです。

学んでも学んでも、「やっぱり何かがしっくりこない」といった状態に陥り、自分が本来、何を目指していたかすら見失う人もめずらしくはありません。

これが、なぜ起こるのかというと、**振り返りには「事実に直面化する」という、とても大切な効用があるからです。**

私が出会った受講生で、まさに、その「直面化」を避けていた方がいらっしゃいました。

婚活に勤《いそ》しんでいた30代男性の話です。

彼は有名企業にお勤めで、見た目もさわやかな印象。婚活に勤しむ妙齢の女性たちが、まず放ってはおかなそうなタイプに見えました。実際、婚活パーティなどに出かけると、しょっちゅう新たな出会いがあるようです。

弊社の講座を訪ねてきた時点では、婚活を始めて約1年が経過していましたが、それまでの土日は毎週のように新たな相手とのデートに費やしてきました。

彼が抱えていたお悩みは、もちろん「パートナーができない」こと。

結婚相手を見つけるために積極的にデートをしているけれども、どの人も決め手に欠けると言う彼に、私はちょっと別の角度から質問をしてみました。

「もし、結婚相手を自分で探して選ぶのではなく、『この人はどうですか?』と誰かに決めてもらえるなら、それでもいいような気がしない?」

その答えは、「そうかもしれませんね」でした。

彼のように、それなりのチャンスが目の前にあっても、「なんとなく決め切れない人」は、むしろ「決めない」ことに、なんらかのメリットを感じている可能性があります。

その理由は、何か別のところにある「本当の課題」から逃げるためかもしれません。なぜなら、「パートナーが欲しい」というダミーの課題に取り組んでいれば、その間は「直面化したくない本当の課題」から気を逸《そ》らすことができます。

ちなみに、彼がいま取り組まなければならなかった本当の課題は、周囲の顔色をうかがうような生き方をやめ、人生の主導権を自分に取り戻す……といったことでした。子どものころからものわかりがよく、優秀だった彼が探していたのは、親の期待に応えるため、安心させるための結婚相手だったのかもしれません。

何度も同じ失敗をしてしまう人や、懸命に取り組んでいるはずなのに、いつになっても成果が出ない人は、彼のように無意識のうちに、なんらかの課題との「直面化」を避けている可能性があります。

こういった堂々めぐりに早く気づくためにも、やはり自分の行動や思考を意識化できる振り返りの習慣は大切なのです。

振り返りの絶対のルールは、振り返りを「自分責め」の材料にはしないことです。過去を自分のなかでうまく消化し、経験という糧にするためには、「過去の自分を責めない」というルールを必ず守ることが大切です。なぜなら、私たちは必ずその時点でベストな選択を下しているため、時間がたってからその選択を責めるのはそもそもナンセンスなのです。

出来事をフラットに振り返るリフレクションを使って過去をしっかり消化しておけば、未来はより描きやすくなります。

この第5章では、ペンタゴンワークを通して得た気づきを現実に生かしていくための、大切な「振り返りワーク」についてお伝えしたいと思います。

自分の変化や成長を実感する「振り返りワーク」

前章でご紹介したペンタゴンワークの最後に、「さっそくやってみる最初の半歩は?」という質問がありました。

この行動を実践してみた結果や、課題の進捗状況を定期的に振り返ることで成長を促すのがペンタゴンの振り返りワークです。

実施するのはお好きな頻度で構いませんが、まずは月に1回くらいのペースでやると無理がないと思います。1カ月も経過すれば、それなりの状況の変化が期待できるので、ワークにも取り組みやすいはずです。

実際、その時々の自分の感情や思っていることを書きとめておくと、あとで振り返ったときに、「そんなことを思っていたのか」といった発見があり、自分の変化や成長を深く実感することができます。

ある程度の期間続けることで、自分の行動の傾向や、失敗などのパターンを見つけ出すことにも使えるでしょう。

振り返りは、全部で5つのワークから成り立ちます。

- **振り返りワーク1** **ペンタゴンワークから自分の解釈のパターンを探る**
- **振り返りワーク2** **自分が何を大切にしたいかを見直す**

- 振り返りワーク3　ちょっと先の理想の未来を描く
- 振り返りワーク4　アクションプランをつくる
- 振り返りワーク5　日々を変えていくための準備をする

では、ひとつずつ内容を見ていきましょう。

振り返りワーク1　ペンタゴンワークから自分の解釈のパターンを探る

これまで取り組んできた課題について、再度ペンタゴンワークをやってみます。「この1カ月の取り組みはどうだったか？」といったテーマでやってみてもいいでしょう。

取り組んだ結果、前回と比べて状況はどう変わってきたか？
自分の解釈や行動、周囲の反応には、どんな変化が出てきているか？
似たようなパターンに陥っていないか、いまの手法で結果は出せそうか？
新たな気づきや反省点は？

ありのままの現状を、しっかり棚おろししていきます。

振り返りワーク2 自分が何を大切にしたいかを見直す

この課題に取り組むにあたり、そもそもあなたが大切にしたかったこと、「こうありたい」と思っていたことはなんだったか、あらためて見直します。その際、次のようなこともチェックしてみるといいでしょう。

自分が本来、大切にしたかったことはなんだったか？

行動の結果、当初と思いが変化したとか、ズレてきているところはないか？

その行動を選択したメリットは？　大切なことを見失っていないか？

振り返りワーク3 ちょっと先の理想の未来を描く

ワーク1とワーク2の答えを踏まえて、次にペンタゴンワークで振り返るまでに、「こうなっていたい」と思うことを素直に書いてみてください。

あまり遠い目標を書くのではなく、「明日からどうしていきたいか？」「1カ月後はどうなっていたい？」といった考え方でＯＫです。

振り返りワーク4 アクションプランをつくる

ワーク3の「理想の未来」を実現するために効果的だと思うアクションを25個以上、5分以内で書き出してみてください。

このとき、いまのあなたにそれができるかできないかを考慮する必要はありません。簡単なことでも難しいことでも、思いつくかぎり書いていただいて大丈夫です。

すべて書き出せたら、そのなかで結果を出すためにとくに効果的だと思えるアクションを見つけて○をつけます（いくつでも可）。

さらに、そのなかから、いまの自分にできそうなアクションをひとつ選びます。

このとき選ぶアクションは、あなたが日々、どんなに忙しくても取り組めそうな、最も簡単で、楽にできるレベルのことを選ぶのがベターです。

振り返りワーク5

日々を変えていくための準備をする

ワーク4で思いついたアクションを、あなたの1日のルーティンのなかに組み込んでしまいます。

たとえば、「毎日読書する」なら夕食後にとりあえず本を開いてみる、「ストレッチをする」なら起床したときにベッドで1ポーズだけやるなど、1日の流れのなかに「組み込んで」しまうのがポイントです。

「毎日やらないと何かが足りない、落ち着かない」と感じるくらいまで習慣化してしまえたら達成したも同然。習慣化してしまえば、どんなに楽で小さなアクションでも、日々を変えていくために十分な力を発揮してくれます。

未来をデザインする「12カ月のペンタゴンワーク」

仕事や学習において、未来を考えるために、「年間計画」を立てることはよくあります。

では、過去の自分を振り返るとなると、どうでしょうか？

多忙な大人が多い現代です。個人が過去1年間の自分を振り返るとなると、SNSの写真などしか記録がない場合もあるかもしれません。

しかも、他人に公開するSNSは多くの場合、人に見せるために意識しているはずです。出来事の詳細はもちろん、当時抱いていた自分の本当の思いは、日々入ってくるたくさんの刺激や情報に流されて忘れてしまうことも多いと思います。

でも、「ペンタゴンワーク」なら、毎日マメに更新しなくても過去の自分の状態を容易に記録しておくことができます。

197ページの図9でご紹介している「1カ月のペンタゴンワーク」は、弊社の講座でも使っているツールです。

受講生の方々には、同じ課題について1カ月ごとに「ペンタゴンの振り返りワーク」を行っていただき、気づきを深めたり軌道修正を図ったりしながら1年間の自分の変化を12枚のペンタゴンワークで記録してもらいます。

図9　1カ月の「ペンタゴンの振り返りワーク」

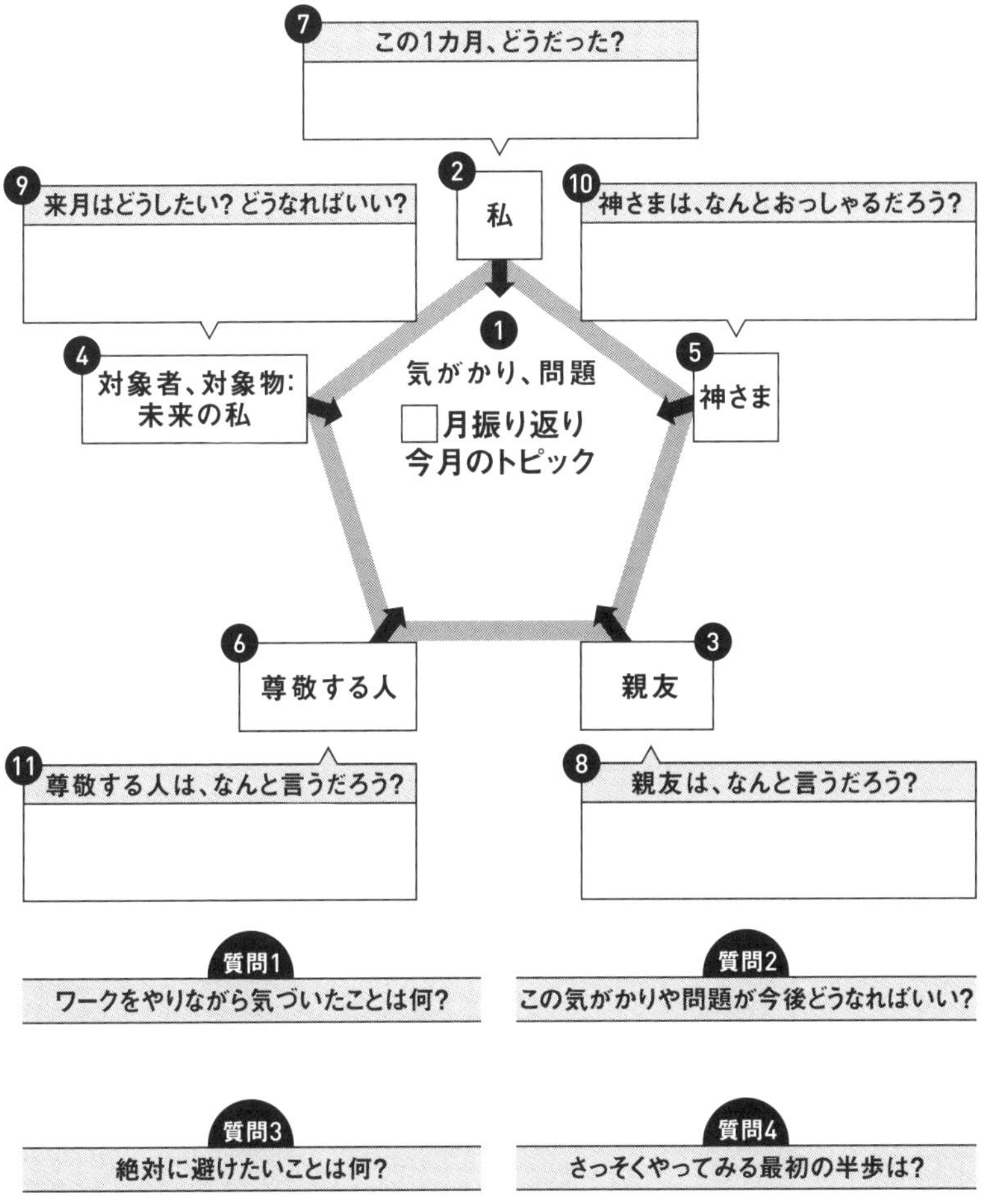

7 この1カ月、どうだった?
2 私
9 来月はどうしたい? どうなればいい?
10 神さまは、なんとおっしゃるだろう?
1 気がかり、問題
□月振り返り
今月のトピック
4 対象者、対象物:
未来の私
5 神さま
6 尊敬する人
3 親友
11 尊敬する人は、なんと言うだろう?
8 親友は、なんと言うだろう?
質問1 ワークをやりながら気づいたことは何?
質問2 この気がかりや問題が今後どうなればいい?
質問3 絶対に避けたいことは何?
質問4 さっそくやってみる最初の半歩は?

たとえば、**仕事と家族、2つの課題があるなら、課題ごとにシートをつくっていただき、それぞれについて毎月ワークをすればOK。**

この12枚のペンタゴンワークには、あなたの1年間での成長や解釈の変化、課題に対しての取り組み方、周囲の人々や環境の変化などが、かぎりなくシンプルかつダイレクトに記録されることになります。

そこには、「いいね！」をもらうために投稿したSNSの日記や、ただスケジュールを書きとめたダイアリーには記録できなかった本当の自分がいるはずです。

あなたが、もし本書を読んで「解釈の幅」を広げるチャレンジに取り組んでみたいと思ったら、ぜひ毎月1回の振り返りもセットで行ってみてください。

未来を描く想像力や計画性はもちろん大切ですが、それ以上に過去から学べることの多さに驚かれるのではないかと思います。

「事実」と「解釈」を統合して自分の人生を生きる

生きていれば、必ずなんらかのトラブルに出会います。どんなに気をつけていても、トラブルが起こらない人生というものはありません。

トラブルの発生は、従来の自分が使ってきた成功法則が通用しなくなった証しでもあります。つまり、私たち自身がバージョンアップする時期に来ているサインとして解釈することもできるのです。

第2章でご紹介した「大人の3つの知性」の話を覚えているでしょうか？

子どものころに、周囲の大人や環境に適応するように身につけてきたのが環境順応型知性。

親や師のもとを離れ、自立にともなって育てていくのが自己主導型知性。

そして、先の2つを統合的に扱えるようになるのが高次の自己変容型知性でしたね。

親や大人たちの庇護《ひご》のもとで命を守るために身につけていった環境順応型知性と、

みずからの選択で試行錯誤しながら育てた自己主導型知性では対処できない出来事に遭遇したとき、**私たちはいよいよ高次の自己変容型知性を身につけるチャンスを迎えます。**

たとえば、「起こる問題はすべて自分のせい」という自責だけで生きてきた人の現実には、そのうち自責だけでは乗り越えられない問題が表れるようになるものです。「Aの部分は自分に責任があるが、Bは相手の責任だ」といったように、両者の責任を冷静に判断する力を育てなければならないタイミングで、必ずトラブルが起こるようになっているのです。

逆に、他責で生きてきた人は、自分の責任を認める力を必要とされるタイミングになったときに避けては通れない問題が発生するでしょう。たとえば、自分の責任でプロジェクトを請け負ったり、部下を持ったりしたときなどに、なんらかのトラブルが起こるかもしれません。

こうして過去の自分を振り返りながら問題を眺めてみると、トラブルはその人がバージョンアップするタイミングで起こっているのがよくわかります。

一方で、トラブルには自分の力で対処できることと、自分の力ではどうにもならないことの2種類があることも忘れてはなりません。晴れの予報だったのに雨が降ってきた……といった出来事を人がどうにかすることはできませんが、自分が成長するタイミングで起こる問題なら、自分の力で必ず乗り越えることができます。

あとで振り返ってみたときに初めて「ピンチがチャンスだった」ことを認識できることも少なくありません。

これは「ピンチ」に対する解釈の幅が広がった事例のひとつです。解釈が変わると、「ピンチ」と思っていた過去の出来事さえ変わっていきます。過ぎ去った、もうどうしようもないと感じていた過去でさえ、いままでとは違う捉え方ができるようになるのです。

二度とめぐってこない「いま」を以前と同じように漫然と過ごしていれば、未来にもきっと同じようなことが起こるでしょう。しかし、少しでも何かを変えると、未来は確実に変化していきます。

自分が気づけないものは存在しないのと同じです。逆の言い方をすれば、気づくことさえできれば、何かしらを変えることは可能です。

本書では、その気づきのきっかけこそ「解釈」であるとお伝えしてきました。

解釈の幅が広がると、自分自身を理解する力が増すと同時に、あなたをとりまく大切な人々や環境、起こる出来事の意味を理解する力も増します。これは、そのままあなたの人生における豊かさの増幅につながっていきます。

人生の豊かさとは何か。それこそ、「あなた」を最大に発揮して生きることにほかなりません。

解釈の幅は、基本的には経験によって広がっていきますが、幅の広がりを経験だけに頼っていると、ひとりの人間が一生のあいだに学べる範囲には、やはり限界があります。

だからこそ、私たちはファンタジーの世界に刺激を求めるのかもしれません。映画のヒーローやアニメのヒロインに自分を重ね、その人生を代理経験することで、解釈の幅を広げようとするのです。実際のところ、それは人生をより豊かに生きるうえでとても有効な手法です。

本書でご紹介した「ペンタゴンワーク」は、そんなふうに、あなた自身がこれまでの人生を旅しながら得てきた多様な解釈が、あなたのなかにちゃんと「ある」ことを教えてくれるツールです。そして、**すべての解釈は、あなたの人生を応援すべく、サブパーソナリティの声として自身のなかに息づいています。**多様な解釈から、あなたにしか奏でられないハーモニーを引き出すことができれば、あなたの人生の彩りが増していかないわけがないのです。

あなたの人生は、あなたが決めていいものです。選択肢はひとつではありません。幅広い解釈は、あなたの可能性の幅と同じです。ペンタゴンワークが、まだ気づいていないあなたの可能性に気づかせてくれるはずです。

第6章

目標達成にも効く「ペンタゴンワーク」活用術

チームワークでも活用できる「ペンタゴンワーク」

弊社の講座で活用しているペンタゴンワークは、自分の気がかりや問題について考えるツールとして有効なものですが、ほかにもアイデア次第でいろいろな応用が可能です。

応用法は大きく分けると2とおりあります。ペンタゴンの基本フォーマットにおける①の「気がかり、問題」をアレンジする方法と、②〜⑥の人物設定のところをアレンジする方法です。ここでは、第6章としてペンタゴンワークの応用法をご紹介したいと思います。

たとえば、**ビジネスや学びの場においてペンタゴンワークを活用すると、社員やプロジェクトのチームメンバーなどの価値観や仕事に対する考え方や解釈のしかたを共有したり、お互いに相互理解したりするために用いることができます。**

その際は、ペンタゴンワークにおける①の「気がかり、問題」の部分に共通の質問を設定し、みんなでワークに取り組むのがいいでしょう。

たとえば、「今月の自分の働きぶり」とか、「今月の進捗状況について」などと書いて毎月末の仕事の振り返りワークとして実施すると、たんなる成績の把握や反省をするだけではなく、個々のより深い内省も同時に進められる効果があります。

日々の業務のみならず、社員教育に生かすこともできます。

たとえば、営業チームなら「営業とは?」、販売チームなら「接客とは?」、中間管理職なら「課長の仕事とは?」などといった共通の質問を①に書き込んで、各人の考え方をあぶり出すことも可能。全社員に「①○○社で働く自分とは?」といった質問をしてみるのもおもしろいのではないでしょうか。

それぞれのペンタゴンワークの結果は、個々が仕事への理解を深めたり、チームワークをより強固にしていったりする対話の材料として生かすことができます。

自分の未来の姿をイメージする「5つの設定」

もうひとつおすすめの応用法が、個人の「気がかり、問題」についてワークをするときに、5つの「設定」をチェンジしてみるというやり方です。最もわかりやすくて実践しやすいのが、人ではなく、「年齢域」に変更するやり方です。

209ページの図10をごらんください。

ペンタゴンのいちばん上には「いまの年齢」、③~⑥にはそれぞれ自分のお好みの「年齢域」が設定されています。つまり、その年齢の自分の立場から、いまの気がかりや問題を見たら、いまの自分にどんな声がけをするか？　これを想像して書いてみるというワークです。

本人のいまの年齢にもよると思いますが、③~⑥のなかで、1つか2つは自分より上の年齢域があるとより効果的だと思います。

図10 年齢域の「ペンタゴンワーク」

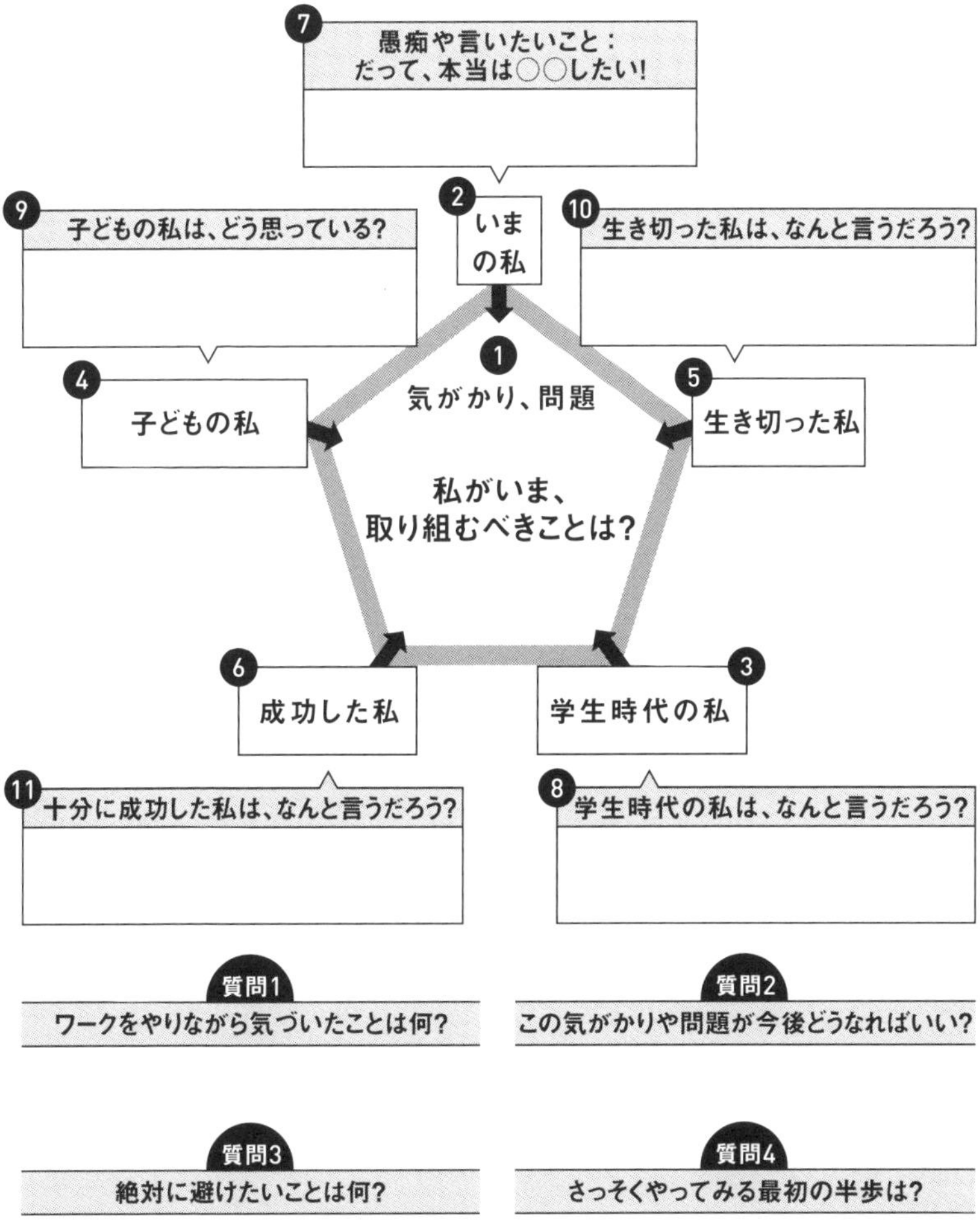
7 愚痴や言いたいこと：
だって、本当は○○したい！
2 いまの私
9 子どもの私は、どう思っている？
10 生き切った私は、なんと言うだろう？
1 気がかり、問題
4 子どもの私
5 生き切った私
私がいま、
取り組むべきことは？
6 成功した私
3 学生時代の私
11 十分に成功した私は、なんと言うだろう？
8 学生時代の私は、なんと言うだろう？
質問1 ワークをやりながら気づいたことは何？
質問2 この気がかりや問題が今後どうなればいい？
質問3 絶対に避けたいことは何？
質問4 さっそくやってみる最初の半歩は？

たとえば、50代の方のペンタゴンなら、最後の⑥には「80代の自分」「寿命を迎えた自分」など。

20代の方のペンタゴンなら、⑤に「40代の自分」、⑥に「60代の自分」という視点があってもよさそうです。

私たちは「何歳までにこうなっていたい」といった未来の理想像について考えることはよくありますが、「過去」の視点からいまの自分を振り返ってみる機会はあまりないのではないかと思います。

そう、**年齢域のワークには、第5章でご紹介したリフレクション（振り返り）の効果もあるというわけです。**

過去と未来、両方の視点から課題について見直してみると、自分の現状に対して「案外悪くないな」とか、「頑張り方が偏っていたかも」など、また違った解釈ができるようになるかもしれません。

ほかにも、複数のなかから何かを選ぶ際に、ペンタゴンのそれぞれの角に当てはめて検討してみる……といった使い方もできます。

そんなふうに、自分なりのアレンジで、より深く自分を学ぶツールとしてお役立ていただければ、とてもうれしいです。

付録

「ペンタゴンワーク」実例集

本書の最後に、弊社の講座の受講生にやってもらったペンタゴンワーク集をお届けしたいと思います。

幸せ、愛、お金、成功、仕事という人生における5つの大切なテーマについて、受講生たちにワークをしていただきました。

同じテーマでも、人によってさまざま々な捉え方、解釈のしかたがあることがわかると思います。

どれも普遍的なテーマを扱っているので、受講生たちの答えを参考に、ご自分でワークするときのヒントとしてご活用いただければ幸いです。

実例1 幸せとは?①

「やらないこと」に幸せを感じているのかも？ の気づきは、強い「やらなければならない」の裏返しともいえます。それは「このままではダメ」から始まっていることが多いのです。

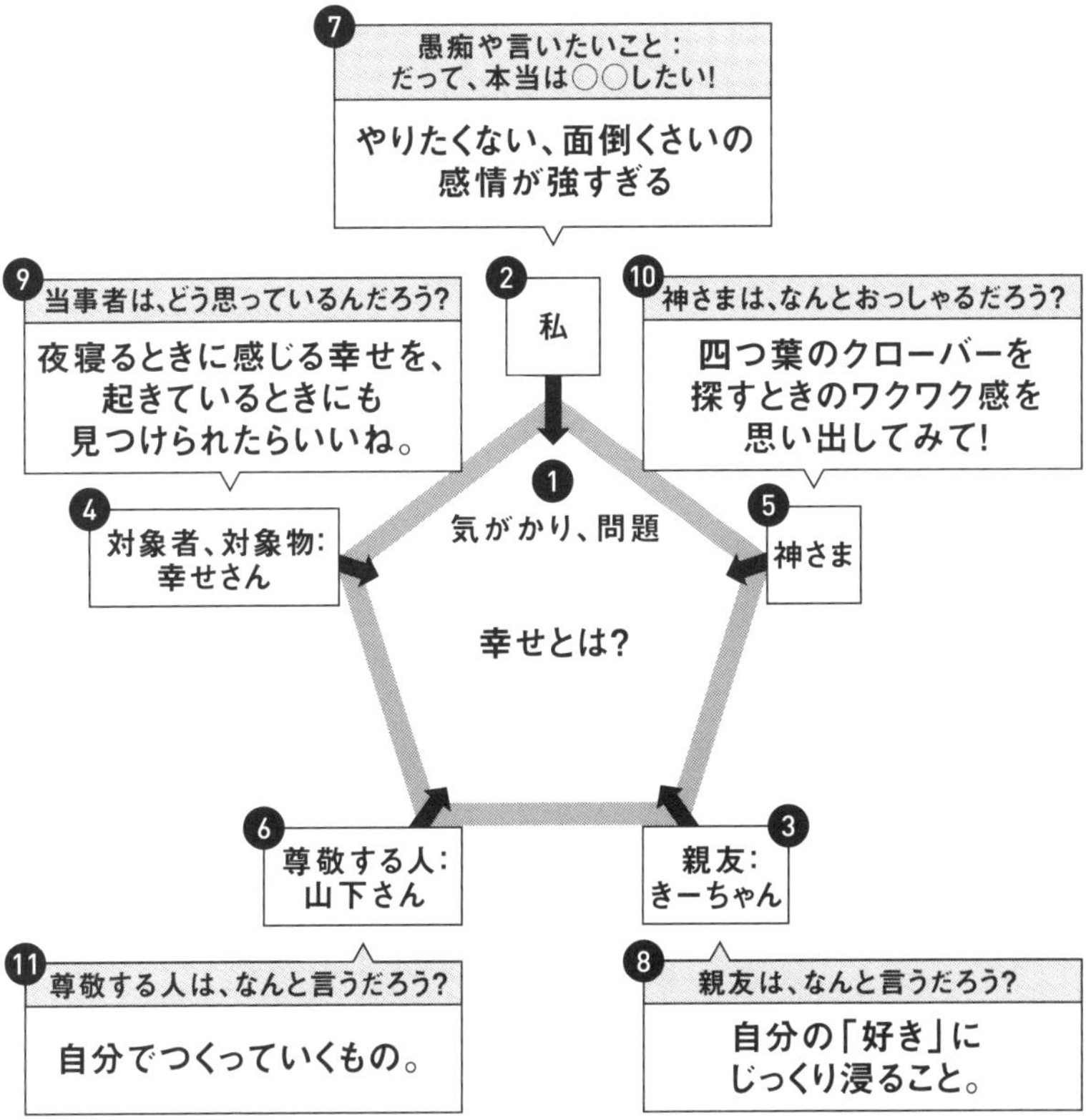

7 愚痴や言いたいこと：だって、本当は○○したい!
やりたくない、面倒くさいの感情が強すぎる
9 当事者は、どう思っているんだろう?
夜寝るときに感じる幸せを、起きているときにも見つけられたらいいね。
2 私
10 神さまは、なんとおっしゃるだろう?
四つ葉のクローバーを探すときのワクワク感を思い出してみて!
1 気がかり、問題
幸せとは?
4 対象者、対象物：幸せさん
5 神さま
6 尊敬する人：山下さん
3 親友：きーちゃん
11 尊敬する人は、なんと言うだろう?
自分でつくっていくもの。
8 親友は、なんと言うだろう?
自分の「好き」にじっくり浸ること。

質問1
ワークをやりながら気づいたことは何?

「やらないこと」に幸せを感じるようになっているかもしれない。

質問2
この気がかりや問題が今後どうなればいい?

自分がやりたいことを思いついて、挫折があっても取り組めるようにしたい。

質問3
絶対に避けたいことは何?

私の感情から考えると、気を散らす考えに乗っ取られて、眠ったままになっちゃうこと。

質問4
さっそくやってみる最初の半歩は?

他人にされて失礼だなって感じることがよくある。それはきっと悲しみが隠れているんだと思う。だから、その悲しみを見てみること。

実例2 幸せとは？②

「窮屈に感じたら深呼吸する」というのは、普段、窮屈に感じることがあることの証し。つまり、幸せにならなければ！　幸せに気づかなければ！　と、「〜ねば思考」に陥っている可能性があります。

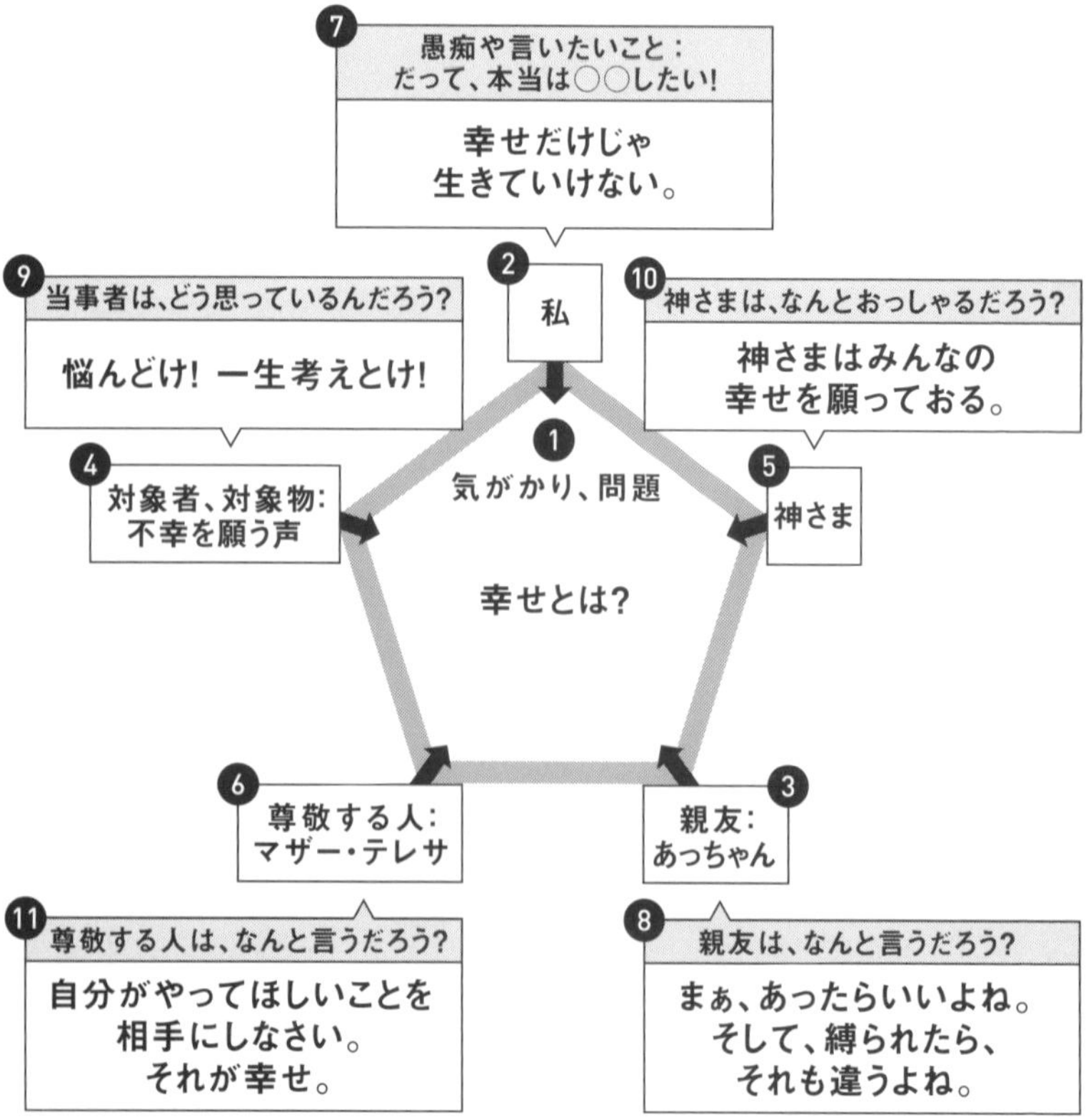

① 気がかり、問題
幸せとは？
② 私
③ 親友：あっちゃん
④ 対象者、対象物：不幸を願う声
⑤ 神さま
⑥ 尊敬する人：マザー・テレサ
⑦ 愚痴や言いたいこと：だって、本当は○○したい！
幸せだけじゃ生きていけない。
⑧ 親友は、なんと言うだろう？
まぁ、あったらいいよね。そして、縛られたら、それも違うよね。
⑨ 当事者は、どう思っているんだろう？
悩んどけ！　一生考えとけ！
⑩ 神さまは、なんとおっしゃるだろう？
神さまはみんなの幸せを願っておる。
⑪ 尊敬する人は、なんと言うだろう？
自分がやってほしいことを相手にしなさい。それが幸せ。

質問1

ワークをやりながら気づいたことは何？

外部や他人からは意外とわからない。
だけど、幸せに思っている人と、
そうでない人とでは、
態度や行動に違いを感じる。

質問2

この気がかりや問題が今後どうなればいい？

毎日がたくさんの幸せで
満たされていたらいい。
小さな幸せに気づけたらいい。

質問3

絶対に避けたいことは何？

人をうらやむこと、妬むこと、
何かや誰かを犠牲にして与えること。

質問4

さっそくやってみる最初の半歩は？

窮屈に感じたら深呼吸する。

実例3 幸せとは?③

自分だけの幸せを優先することにOKを出しましょう。あなただけの幸福感があっていいのです。自分の幸せを優先することを許可していくと他者の幸せも許せるようになります。

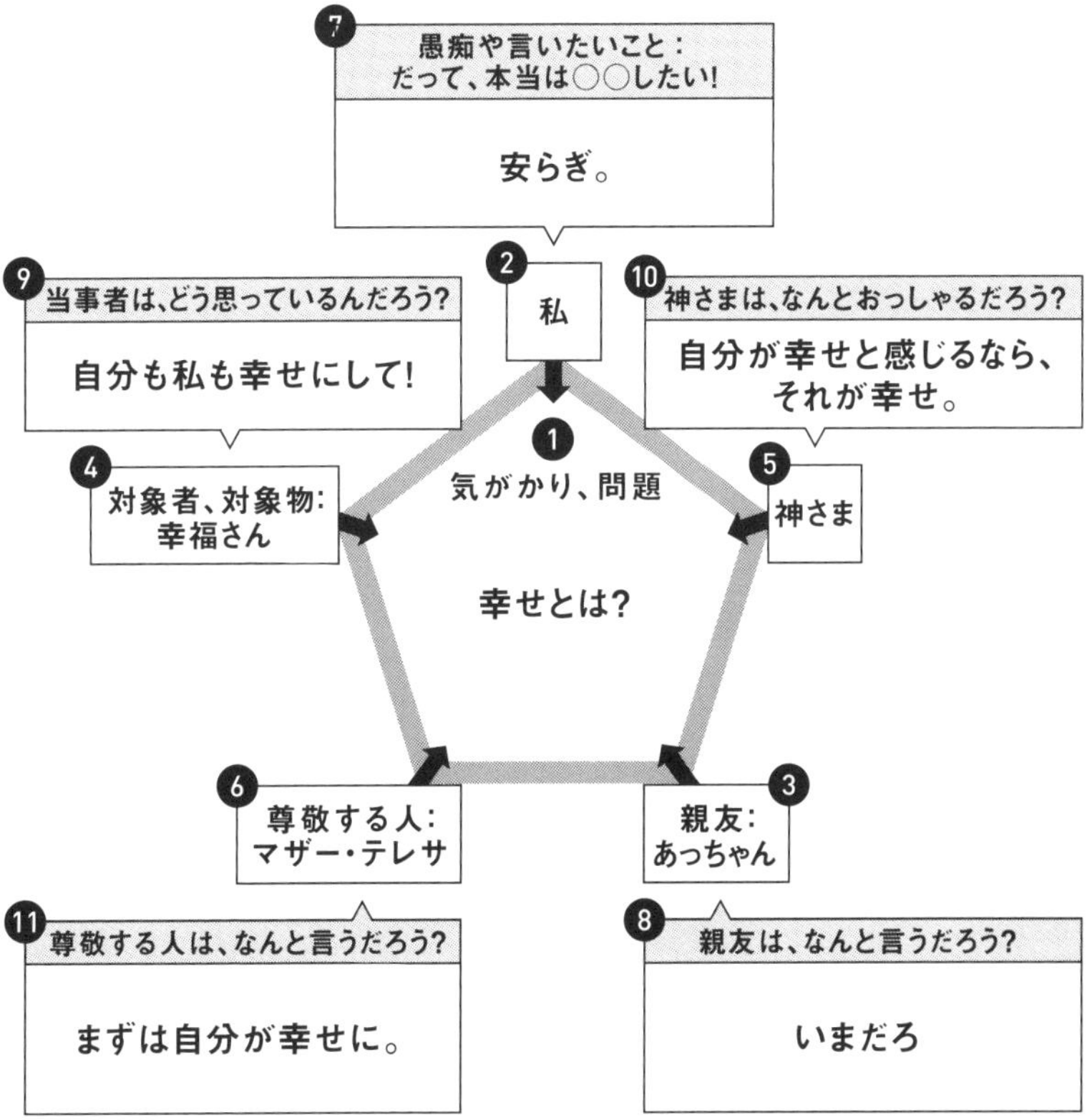
7 愚痴や言いたいこと:
だって、本当は○○したい!
安らぎ。
2 私
9 当事者は、どう思っているんだろう?
自分も私も幸せにして!
10 神さまは、なんとおっしゃるだろう?
自分が幸せと感じるなら、
それが幸せ。
1 気がかり、問題
幸せとは?
4 対象者、対象物:
幸福さん
5 神さま
6 尊敬する人:
マザー・テレサ
3 親友:
あっちゃん
11 尊敬する人は、なんと言うだろう?
まずは自分が幸せに。
8 親友は、なんと言うだろう?
いまだろ

質問1
ワークをやりながら気づいたことは何?

幸せとは何かを考えてこなかったこと。

質問2
この気がかりや問題が今後どうなればいい?

自分も他人も幸せに。

質問3
絶対に避けたいことは何?

自分だけ幸福感を持つ。

質問4
さっそくやってみる最初の半歩は?

何が自分の幸せか考えてみる。

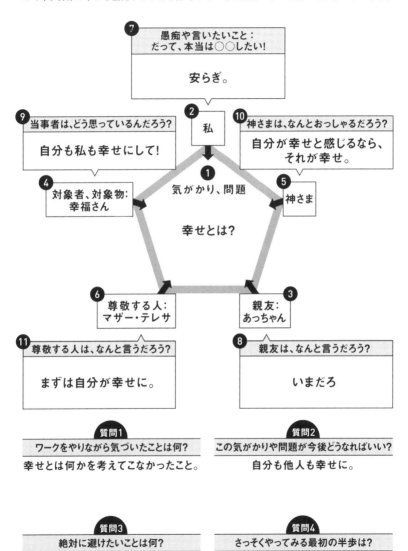

実例4 **幸せとは?④**

幸せになることに縛られている自分に気づいたようですね。そして、「ねぎらわれたい」といった思いを持っていることにも気づけました。信頼できる人に自分をねぎらうことを頼んでみましょう! 実際にねぎらってもらうのです。

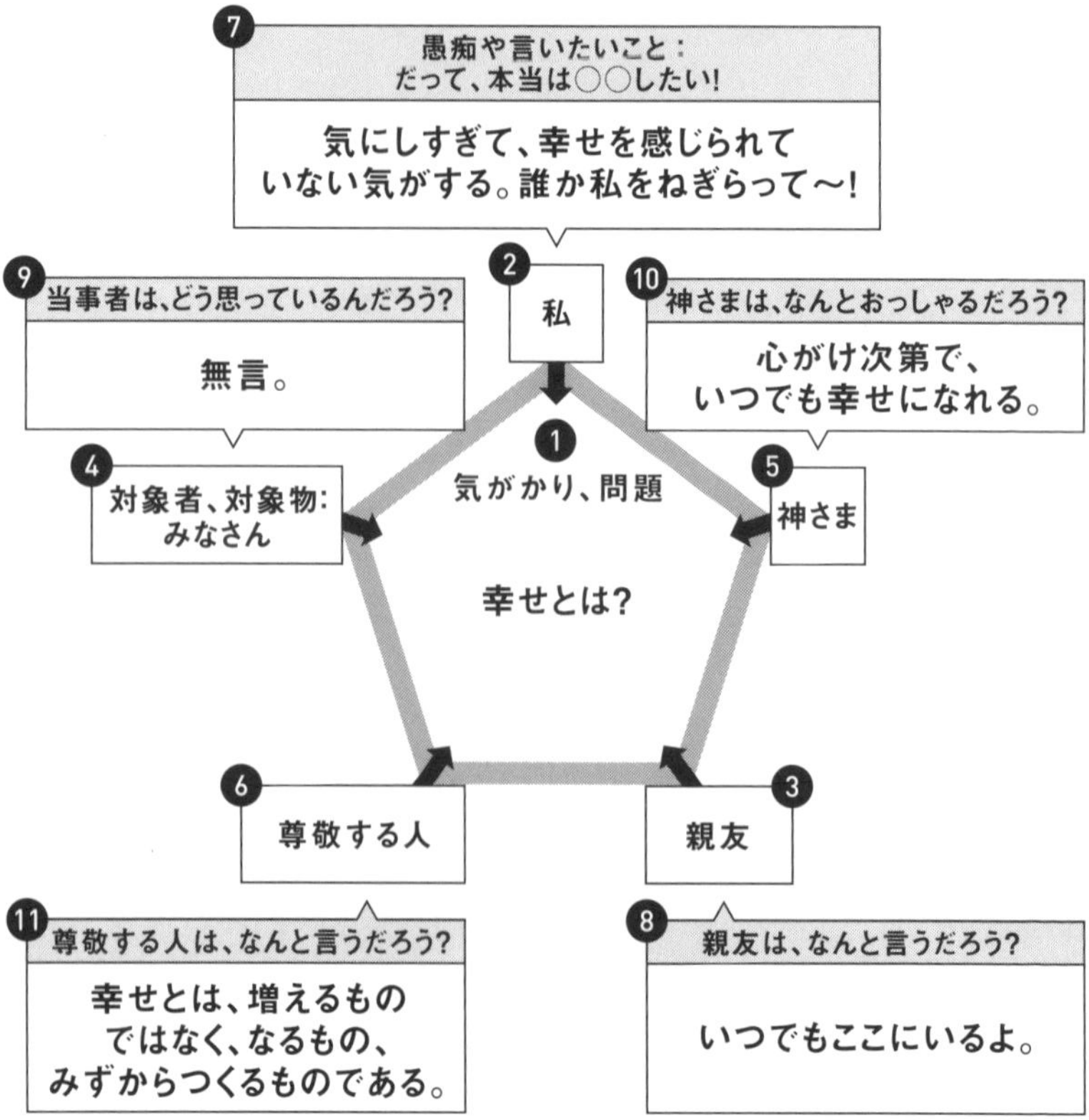

⑦ 愚痴や言いたいこと：だって、本当は○○したい!
気にしすぎて、幸せを感じられていない気がする。誰か私をねぎらって～!
② 私
⑨ 当事者は、どう思っているんだろう?
無言。
⑩ 神さまは、なんとおっしゃるだろう?
心がけ次第で、いつでも幸せになれる。
① 気がかり、問題
幸せとは?
④ 対象者、対象物：みなさん
⑤ 神さま
⑥ 尊敬する人
③ 親友
⑪ 尊敬する人は、なんと言うだろう?
幸せとは、増えるものではなく、なるもの、みずからつくるものである。
⑧ 親友は、なんと言うだろう?
いつでもここにいるよ。

質問1
ワークをやりながら気づいたことは何?

幸せとは、みずからつくりだすものであり、いつでもそうなれるもの。

質問2
この気がかりや問題が今後どうなればいい?

視界を外に持つ。

質問3
絶対に避けたいことは何?

自分は不幸である、幸せになれるはずがない、という根拠のない思い込みに縛られること。

質問4
さっそくやってみる最初の半歩は?

お風呂に入って「幸せだな～」と口に出して言うこと。

実例5 愛とは?①

愛されることに確証が欲しいのですね。愛される感覚が、いったいどういったものなのかわかっていない恐れを感じている。そうやって自分を守ってきたのかもしれません。必要な「守り」だとしたら、さらに気づけることがありますか?

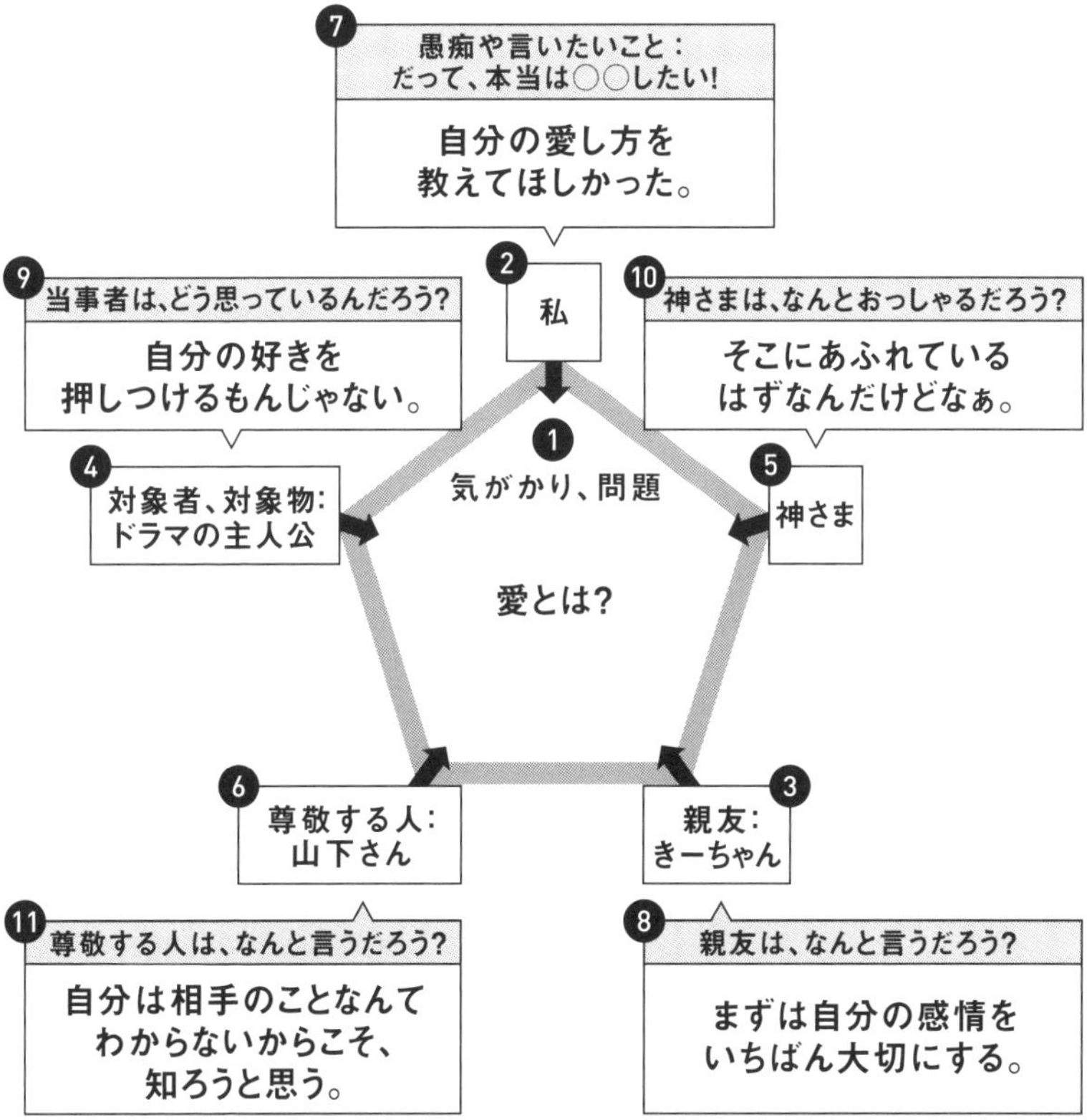

7 愚痴や言いたいこと:だって、本当は○○したい!
自分の愛し方を教えてほしかった。
2 私
9 当事者は、どう思っているんだろう?
自分の好きを押しつけるもんじゃない。
10 神さまは、なんとおっしゃるだろう?
そこにあふれているはずなんだけどなぁ。
1 気がかり、問題
愛とは?
4 対象者、対象物:ドラマの主人公
5 神さま
6 尊敬する人:山下さん
3 親友:きーちゃん
11 尊敬する人は、なんと言うだろう?
自分は相手のことなんてわからないからこそ、知ろうと思う。
8 親友は、なんと言うだろう?
まずは自分の感情をいちばん大切にする。

質問1

ワークをやりながら気づいたことは何?

ずっと彼氏がいることや、
○○をしてくれたことというかたちを見て、
自分を保とうとしてきた。

質問2

この気がかりや問題が今後どうなればいい?

自分で自分を楽しませたり、
味方になったり、
慰めたりしてあげたい。

質問3

絶対に避けたいことは何?

結婚というかたちのための
パートナー探し。

質問4

さっそくやってみる最初の半歩は?

愛し方なんて、何も知らなかったんだ。
ずっとかたちだけの恋愛しか
やっていないんだと絶望すること。

実例6 愛とは?②

自分本位になることへの恐れがありますね。相手が望むことをかなえることだけが愛でしょうか？ 相手が望むことと、自分が望むことは対等です。つねに！ というより、持ちつ持たれつで。

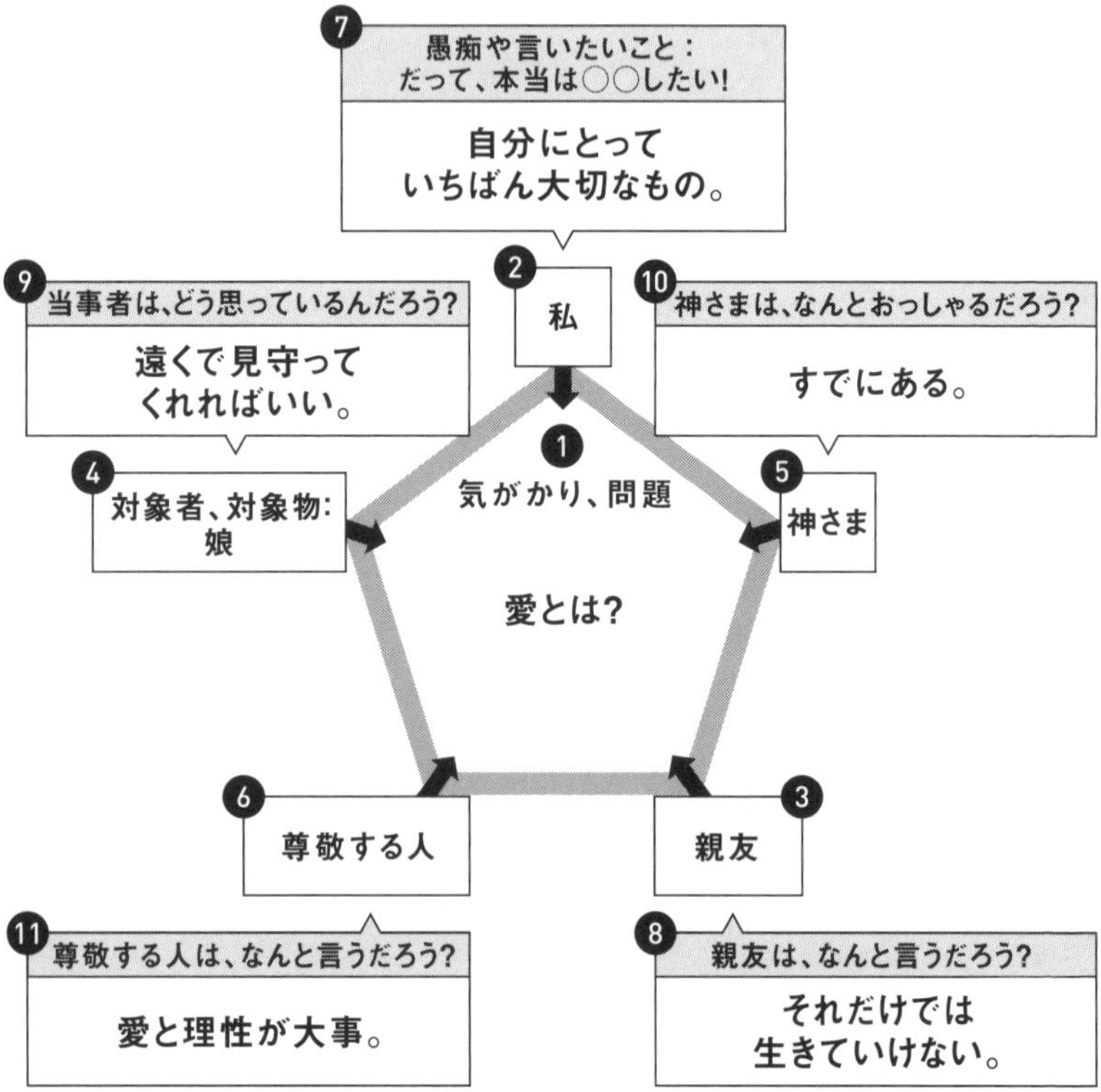
1 気がかり、問題
愛とは?
2 私
3 親友
4 対象者、対象物：娘
5 神さま
6 尊敬する人
7 愚痴や言いたいこと：だって、本当は○○したい!
自分にとっていちばん大切なもの。
8 親友は、なんと言うだろう?
それだけでは生きていけない。
9 当事者は、どう思っているんだろう?
遠くで見守ってくれればいい。
10 神さまは、なんとおっしゃるだろう?
すでにある。
11 尊敬する人は、なんと言うだろう?
愛と理性が大事。

質問1

ワークをやりながら気づいたことは何?

自分のなかにすでに愛はある。

質問2

この気がかりや問題が今後どうなればいい?

ひとりよがりではなく、
相手にとっても幸せになれる愛が大事。

質問3

絶対に避けたいことは何?

自分本位、自分勝手な愛に走る。

質問4

さっそくやってみる最初の半歩は?

相手を大事にするために、
相手が望むことを考える。

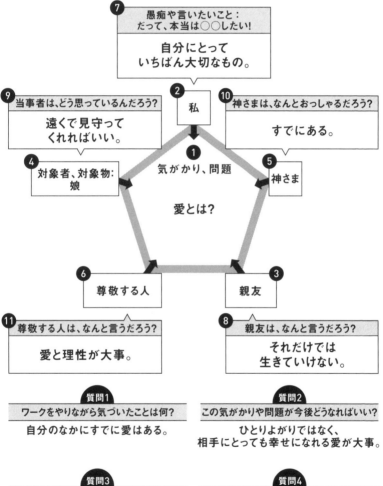

実例7 愛とは?③

つくれないという人は、つくりたくないに置き換えてみましょう。意外な答えが自分のなかから返ってくるかもしれません。「望んでいるのに得ていない」ように思っていても、「望んでいない」ことを認めていないだけかもしれませんよ。

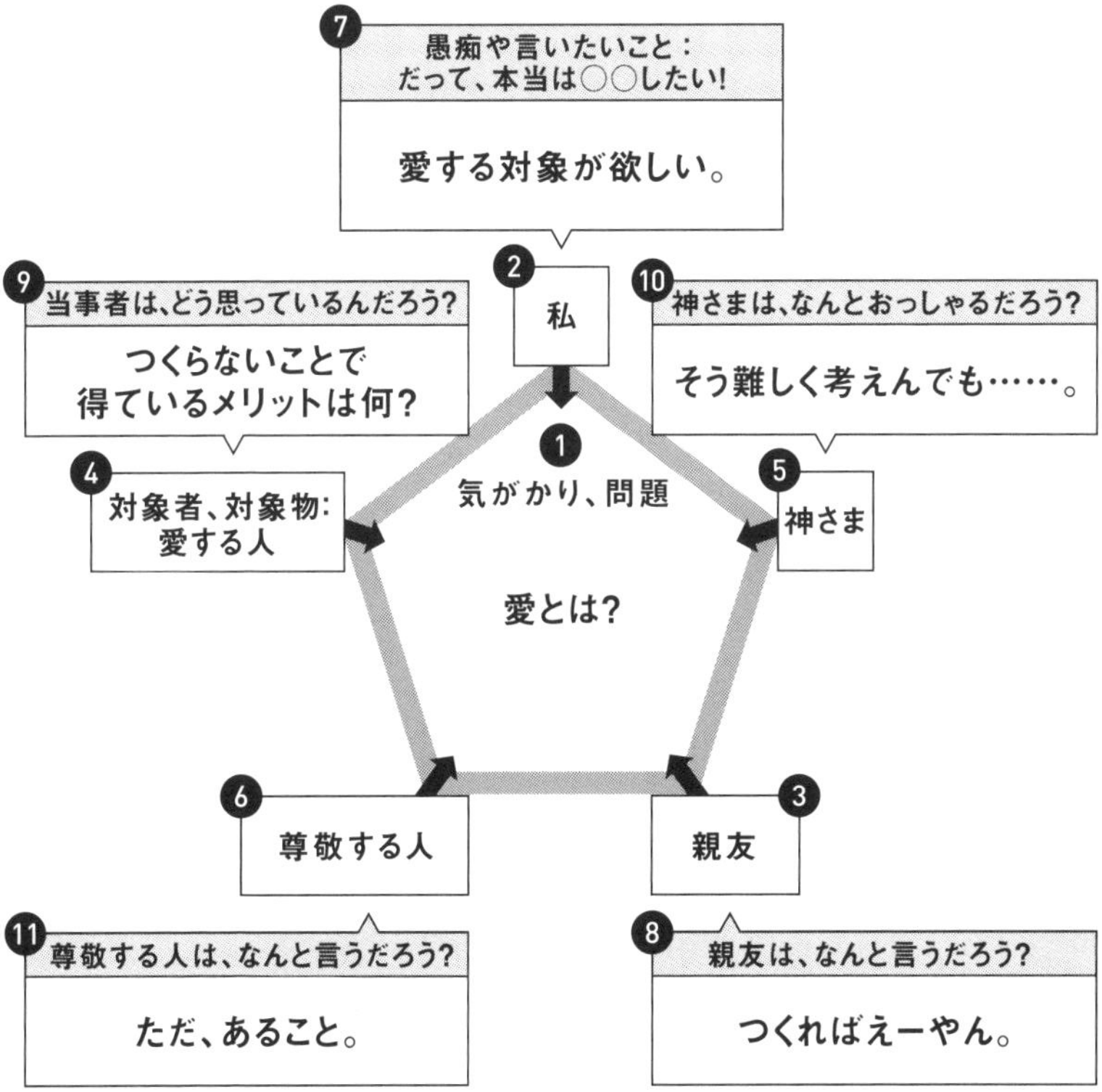

7 愚痴や言いたいこと：だって、本当は○○したい!
愛する対象が欲しい。
2 私
9 当事者は、どう思っているんだろう?
つくらないことで得ているメリットは何?
10 神さまは、なんとおっしゃるだろう?
そう難しく考えんでも……。
1 気がかり、問題
愛とは?
4 対象者、対象物：愛する人
5 神さま
6 尊敬する人
3 親友
11 尊敬する人は、なんと言うだろう?
ただ、あること。
8 親友は、なんと言うだろう?
つくればえーやん。

質問1
ワークをやりながら気づいたことは何?
この家族がいてよかったのだ。

質問2
この気がかりや問題が今後どうなればいい?
どうにもならなくていい!?

質問3
絶対に避けたいことは何?
嫌いにならないように頑張ること。

質問4
さっそくやってみる最初の半歩は?
月イチで顔を見せるようにする（心がける）。

実例8 お金とは?①

お金にとらわれてはいけないと思うほど、とらわれていることに気づきましたね。お金は「人生の経験を広げるための魔法のチケット」です。稼ぐことそのものも楽しいものです。

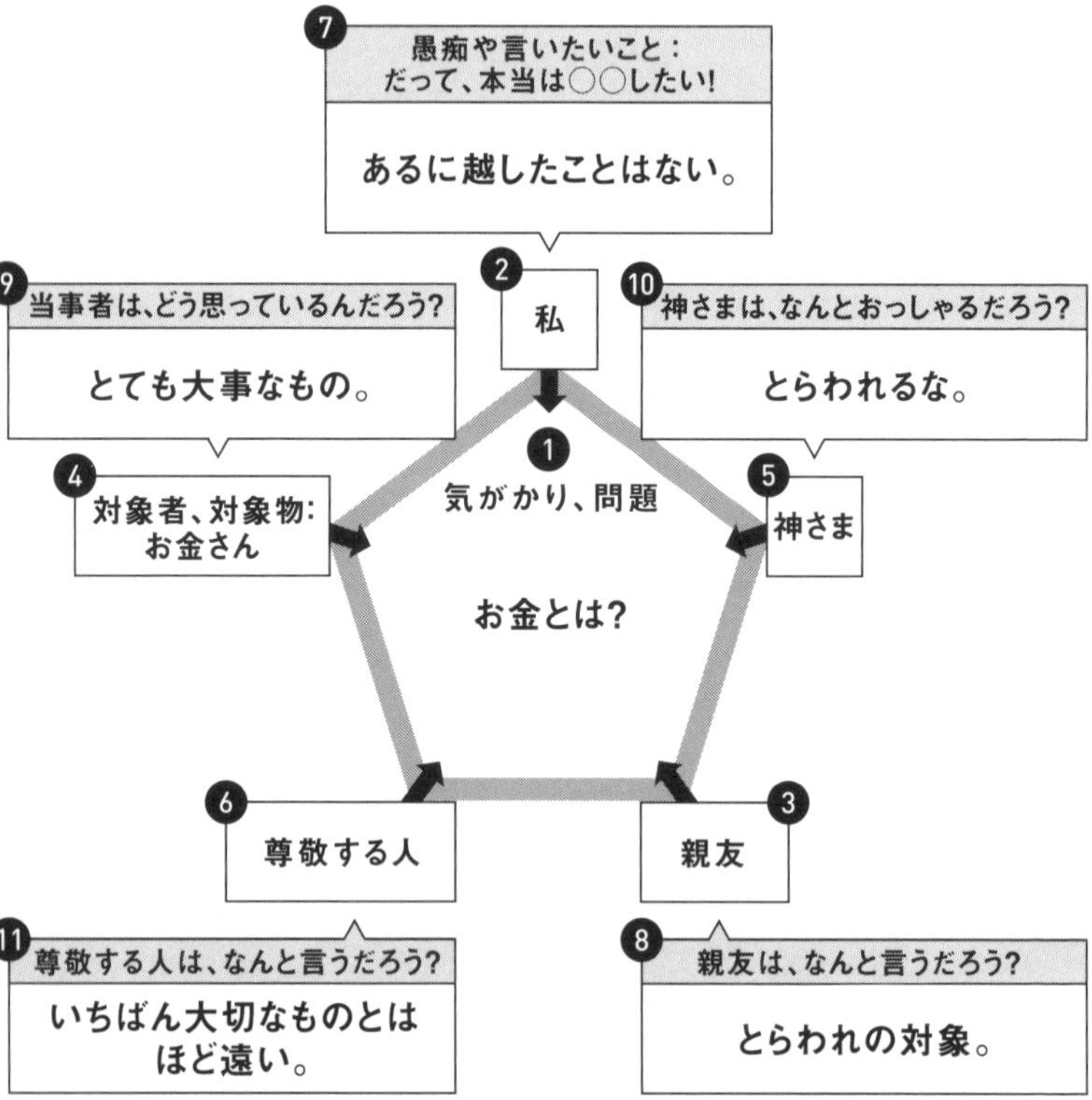

7 愚痴や言いたいこと：だって、本当は○○したい!
あるに越したことはない。
2 私
9 当事者は、どう思っているんだろう?
とても大事なもの。
10 神さまは、なんとおっしゃるだろう?
とらわれるな。
1 気がかり、問題
お金とは?
4 対象者、対象物：お金さん
5 神さま
6 尊敬する人
3 親友
11 尊敬する人は、なんと言うだろう?
いちばん大切なものとはほど遠い。
8 親友は、なんと言うだろう?
とらわれの対象。

質問1

ワークをやりながら気づいたことは何?

なんとかなると思ってはいない。
不安にとらわれている。

質問2

この気がかりや問題が今後どうなればいい?

気にならなくなるくらい欲しい。

質問3

絶対に避けたいことは何?

家族に迷惑をかけること。

質問4

さっそくやってみる最初の半歩は?

営業の方針を考える。

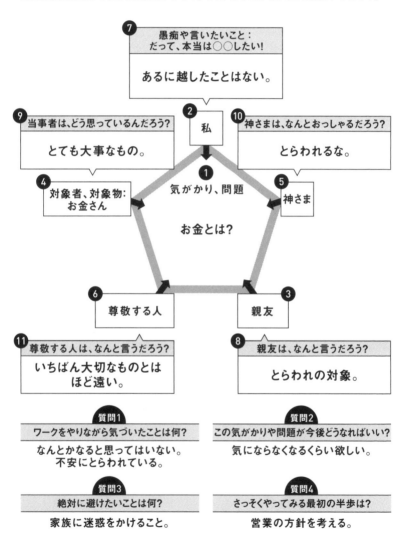

実例9 **お金とは?②**

お金の使い方、回し方に興味を持っている自分に気づけましたね。お金は稼ぎ方より使い方でその人がわかるといいます。自分にとっての生きた使い方を考えてみましょう。

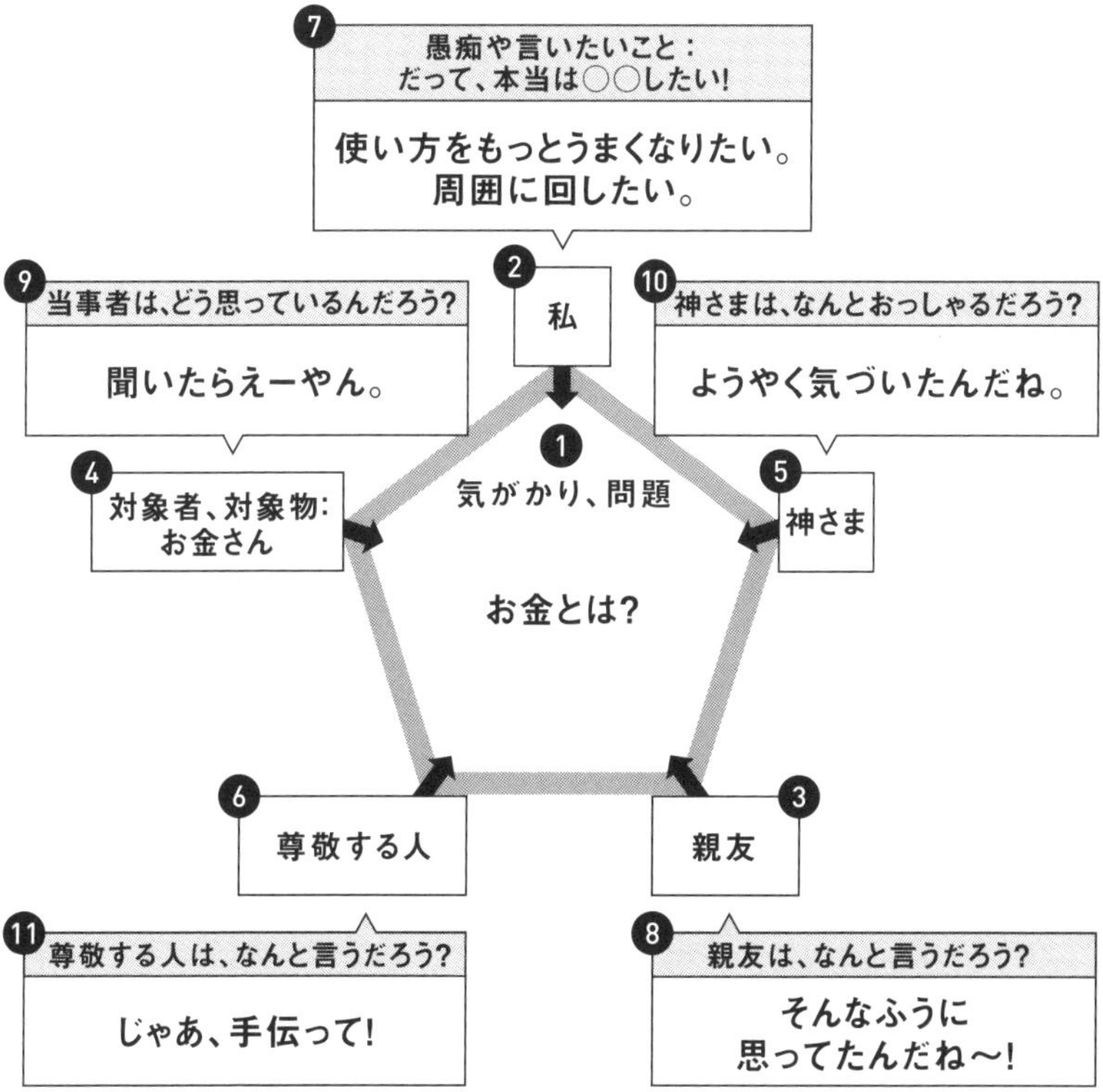

❶ 気がかり、問題
お金とは?
❷ 私
❸ 親友
❹ 対象者、対象物:
お金さん
❺ 神さま
❻ 尊敬する人
❼ 愚痴や言いたいこと:
だって、本当は○○したい!
使い方をもっとうまくなりたい。
周囲に回したい。
❽ 親友は、なんと言うだろう?
そんなふうに
思ってたんだね〜!
❾ 当事者は、どう思っているんだろう?
聞いたらえーやん。
❿ 神さまは、なんとおっしゃるだろう?
ようやく気づいたんだね。
⓫ 尊敬する人は、なんと言うだろう?
じゃあ、手伝って!

質問1
ワークをやりながら気づいたことは何?
お金を回す側になりたがっていること。

質問2
この気がかりや問題が今後どうなればいい?
まずは周囲にそのことを話してみる。

質問3
絶対に避けたいことは何?
お金を回せずに死ぬこと。

質問4
さっそくやってみる最初の半歩は?
寄付金とか
クラウドファンディングとかを
調べてみる。

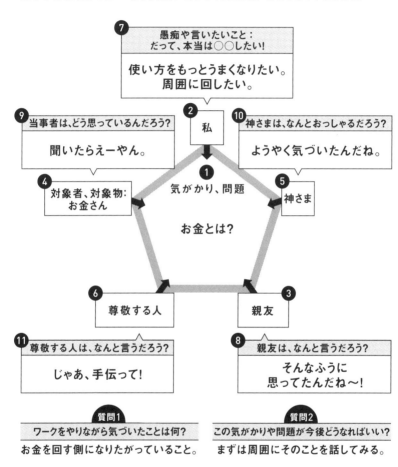

実例10 **お金とは?③**

お金といえば、稼ぐことやためることを考えていると意識では思っていたけれども、使ってみたい自分に気づいたのですね。派手に使ってみたらどんな気持ちになるか、実験してみる価値はあるかもしれません。

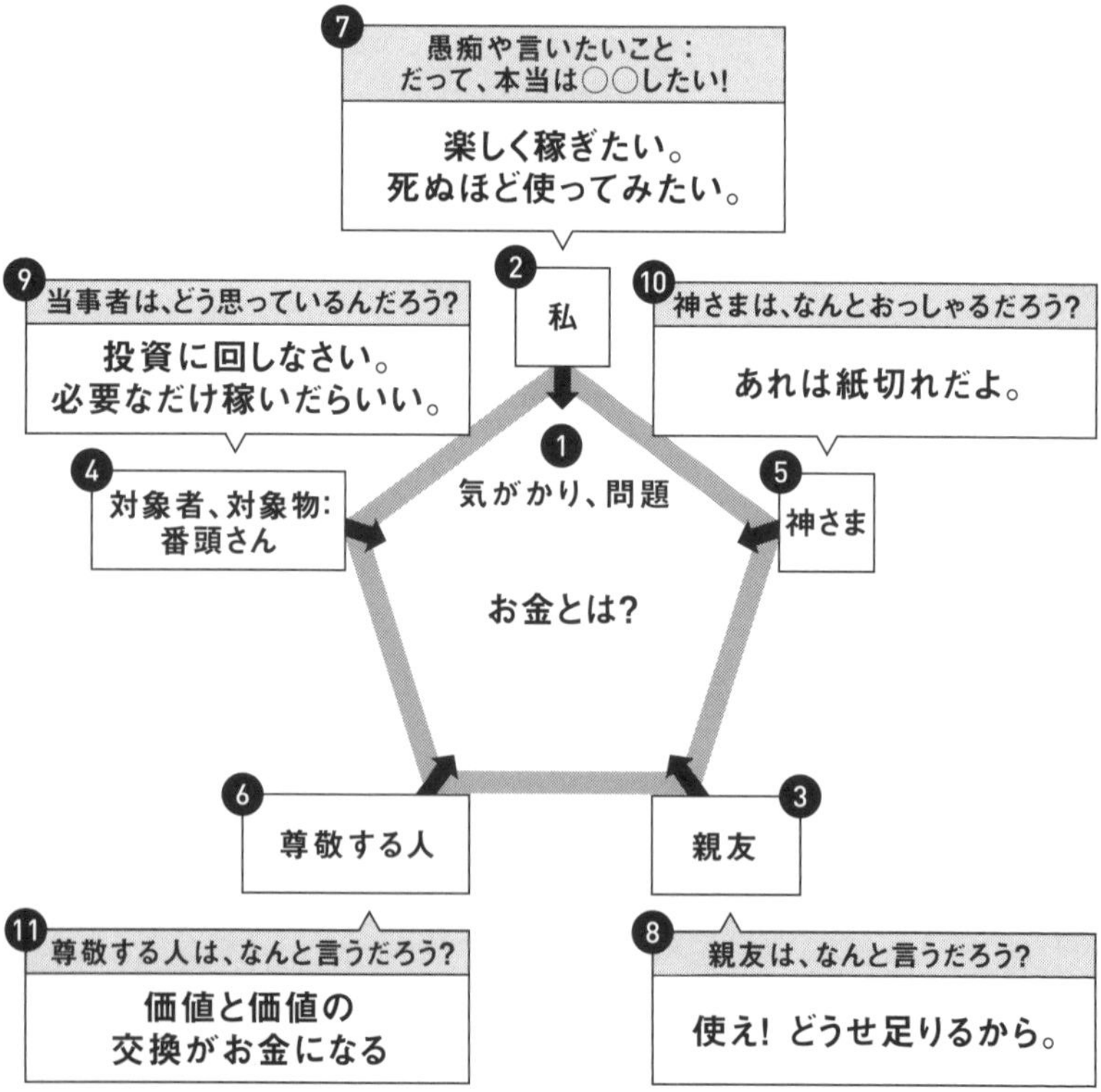
1 気がかり、問題
お金とは?
2 私
3 親友
4 対象者、対象物:
番頭さん
5 神さま
6 尊敬する人
7 愚痴や言いたいこと:
だって、本当は○○したい!
楽しく稼ぎたい。
死ぬほど使ってみたい。
8 親友は、なんと言うだろう?
使え! どうせ足りるから。
9 当事者は、どう思っているんだろう?
投資に回しなさい。
必要なだけ稼いだらいい。
10 神さまは、なんとおっしゃるだろう?
あれは紙切れだよ。
11 尊敬する人は、なんと言うだろう?
価値と価値の
交換がお金になる

質問1

ワークをやりながら気づいたことは何?

お金がなくなることを心配している。
使いたいとも思っている。
お金って紙切れだけど、
大きなパワーを持っている。

質問2

この気がかりや問題が今後どうなればいい?

お金が自分の味方になったらいい。
自分の人生を切り開く
パワーに使えたらいい。

質問3

絶対に避けたいことは何?

お金がなくなること。
お金で人に裏切られること。

質問4

さっそくやってみる最初の半歩は?

お金を派手に使ってみる。
1日10万円とか。

実例11 成功とは?①

他者の目を強く意識している自分に気づきましたね。他者の目線が気になることは自然なことでもあります。ただ、それだけが判断基準になるとつらくなります。まずは自分にとっての成功を考えてみましょう。

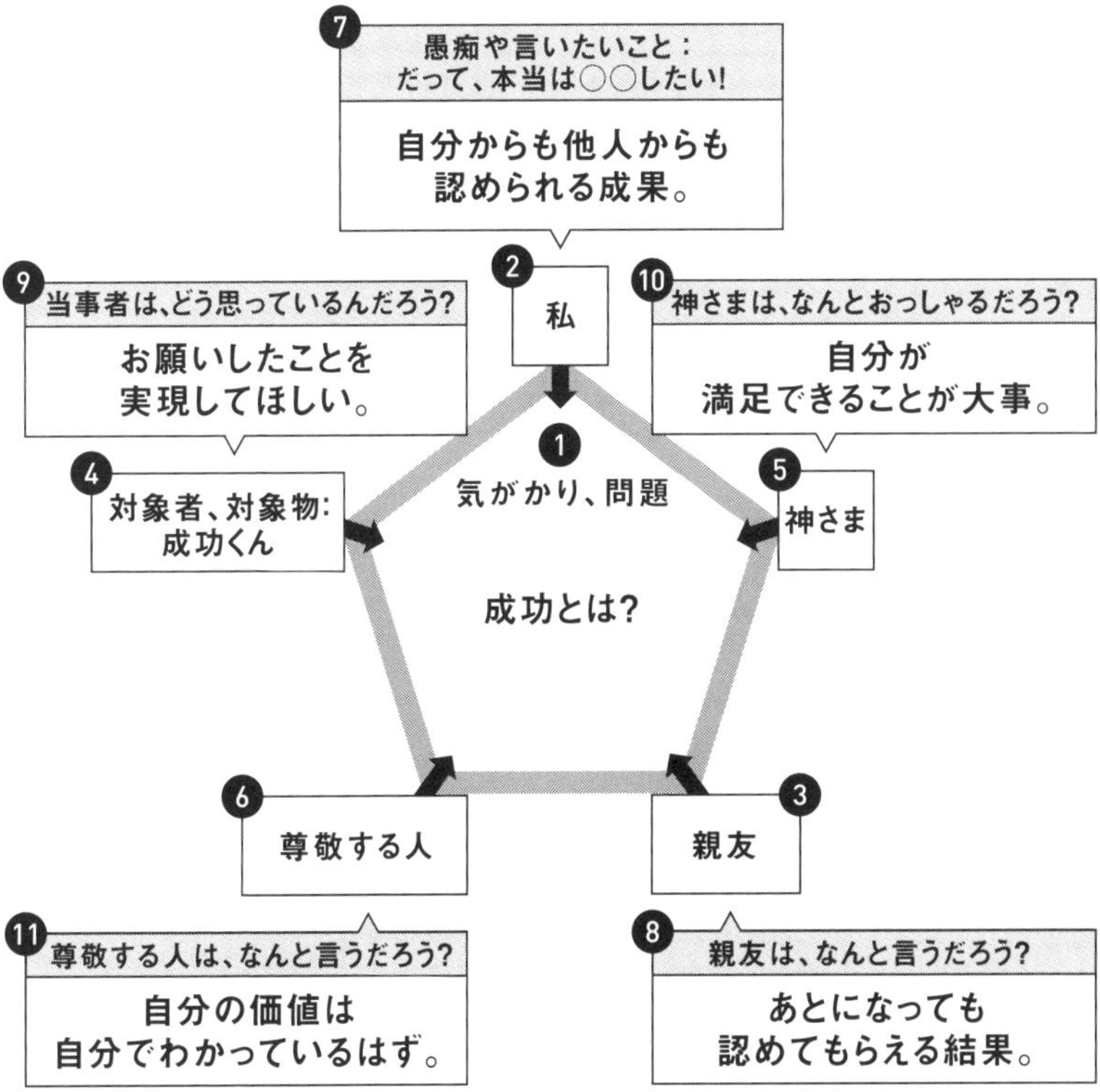

7 愚痴や言いたいこと:
だって、本当は○○したい!
自分からも他人からも
認められる成果。
2 私
9 当事者は、どう思っているんだろう?
お願いしたことを
実現してほしい。
10 神さまは、なんとおっしゃるだろう?
自分が
満足できることが大事。
1 気がかり、問題
成功とは?
4 対象者、対象物:
成功くん
5 神さま
6 尊敬する人
3 親友
11 尊敬する人は、なんと言うだろう?
自分の価値は
自分でわかっているはず。
8 親友は、なんと言うだろう?
あとになっても
認めてもらえる結果。

質問1

ワークをやりながら気づいたことは何?

私の成功には、
自分基準と他者目線がある。

質問2

この気がかりや問題が今後どうなればいい?

自分で納得できることと、
人から見ても価値があることの両立。

質問3

絶対に避けたいことは何?

成功したことにするような
ウソをつくこと。

質問4

さっそくやってみる最初の半歩は?

自分にとって何が価値があると
感じているかを考える。

実例12 成功とは?②

本当にやりたいことに手をつけることは大切です。できる、できないは、やってみないことにははっきりしません。やった後悔より、やらなかった後悔のほうが残ります。

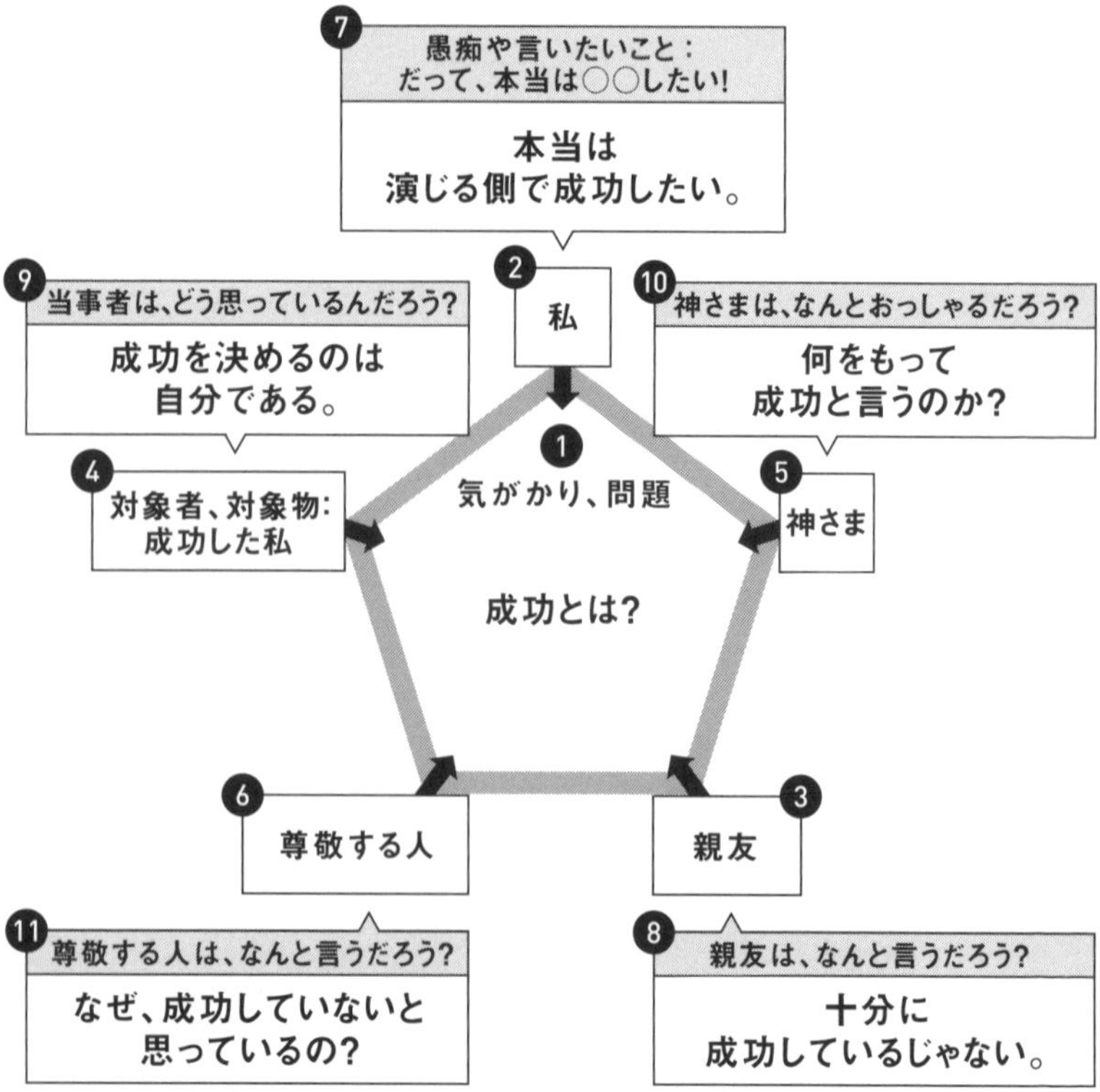

7 愚痴や言いたいこと：だって、本当は○○したい!
本当は演じる側で成功したい。
2 私
9 当事者は、どう思っているんだろう?
成功を決めるのは自分である。
10 神さまは、なんとおっしゃるだろう?
何をもって成功と言うのか?
1 気がかり、問題
成功とは?
4 対象者、対象物：成功した私
5 神さま
6 尊敬する人
3 親友
11 尊敬する人は、なんと言うだろう?
なぜ、成功していないと思っているの?
8 親友は、なんと言うだろう?
十分に成功しているじゃない。

質問1
ワークをやりながら気づいたことは何?

そもそも成功の定義が自分のなかに見えない。

質問2
この気がかりや問題が今後どうなればいい?

To beをちゃんと描く。自分の欲に正直になる。

質問3
絶対に避けたいことは何?

死ぬ前に「しまった」と思うこと。

質問4
さっそくやってみる最初の半歩は?

通っている養成所の課題をやります。トホホ。

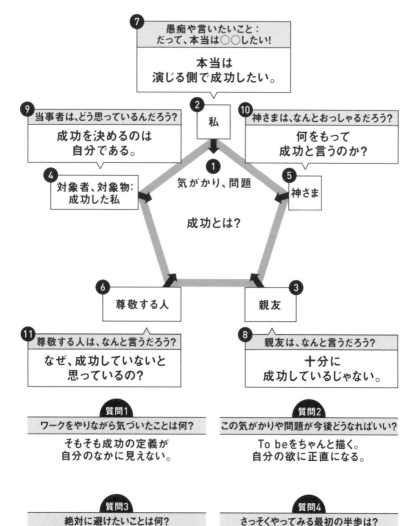

実例13 成功とは?③

人との比較に苦しんでいるのですね。比較すること自体が悪いことではありません。自分の現在地を把握するには、比較してみたほうが早いです。ただ、比較を自分がダメだと責める道具に使うと、苦しむことになります。

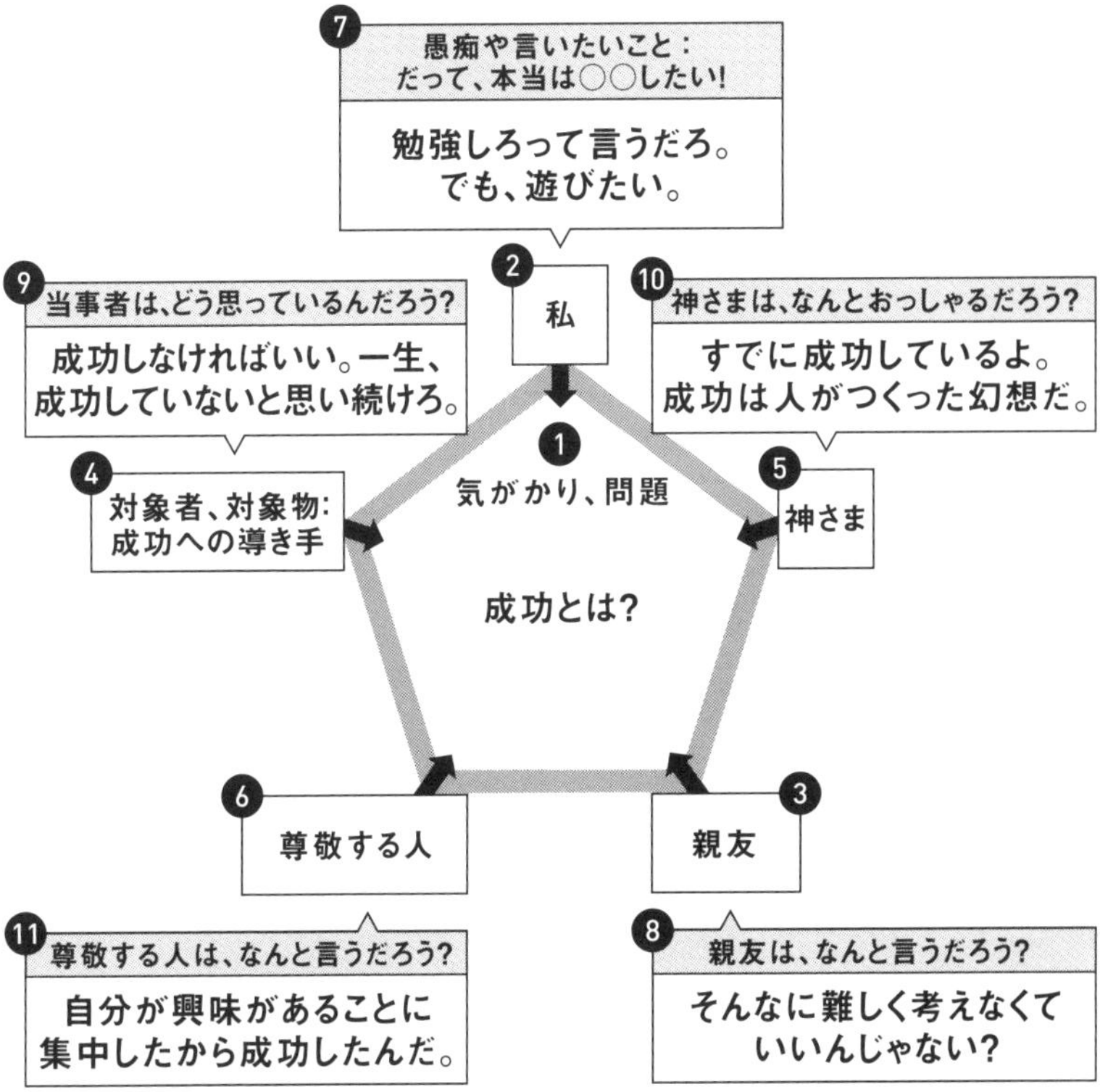

7 愚痴や言いたいこと：だって、本当は○○したい!
勉強しろって言うだろ。でも、遊びたい。
2 私
9 当事者は、どう思っているんだろう?
成功しなければいい。一生、成功していないと思い続けろ。
10 神さまは、なんとおっしゃるだろう?
すでに成功しているよ。成功は人がつくった幻想だ。
1 気がかり、問題
成功とは?
4 対象者、対象物：成功への導き手
5 神さま
6 尊敬する人
3 親友
11 尊敬する人は、なんと言うだろう?
自分が興味があることに集中したから成功したんだ。
8 親友は、なんと言うだろう?
そんなに難しく考えなくていいんじゃない?

質問1

ワークをやりながら気づいたことは何?

自分のなかに10の自分もいれば、1の自分もいる。成功することが正しい唯一のことだと思っている。

質問2

この気がかりや問題が今後どうなればいい?

成功するとか、していないという判断軸ではなく、自分の満足を軸にしたらいい。周囲の成功や比較に追われない。

質問3

絶対に避けたいことは何?

成功に駆り立てられて周囲が見えなくなること。人との比較で人生が終わること。

質問4

さっそくやってみる最初の半歩は?

人と比較した瞬間をキャッチすること。

実例14 仕事とは?①

仕事での感動を思い出したことで、仕事は生きていくためにしかたなくやっていると思い込んでいた自分に気づけましたね。感動の感覚を強めていく意識が、あなたにとっての仕事を変えていくことでしょう。

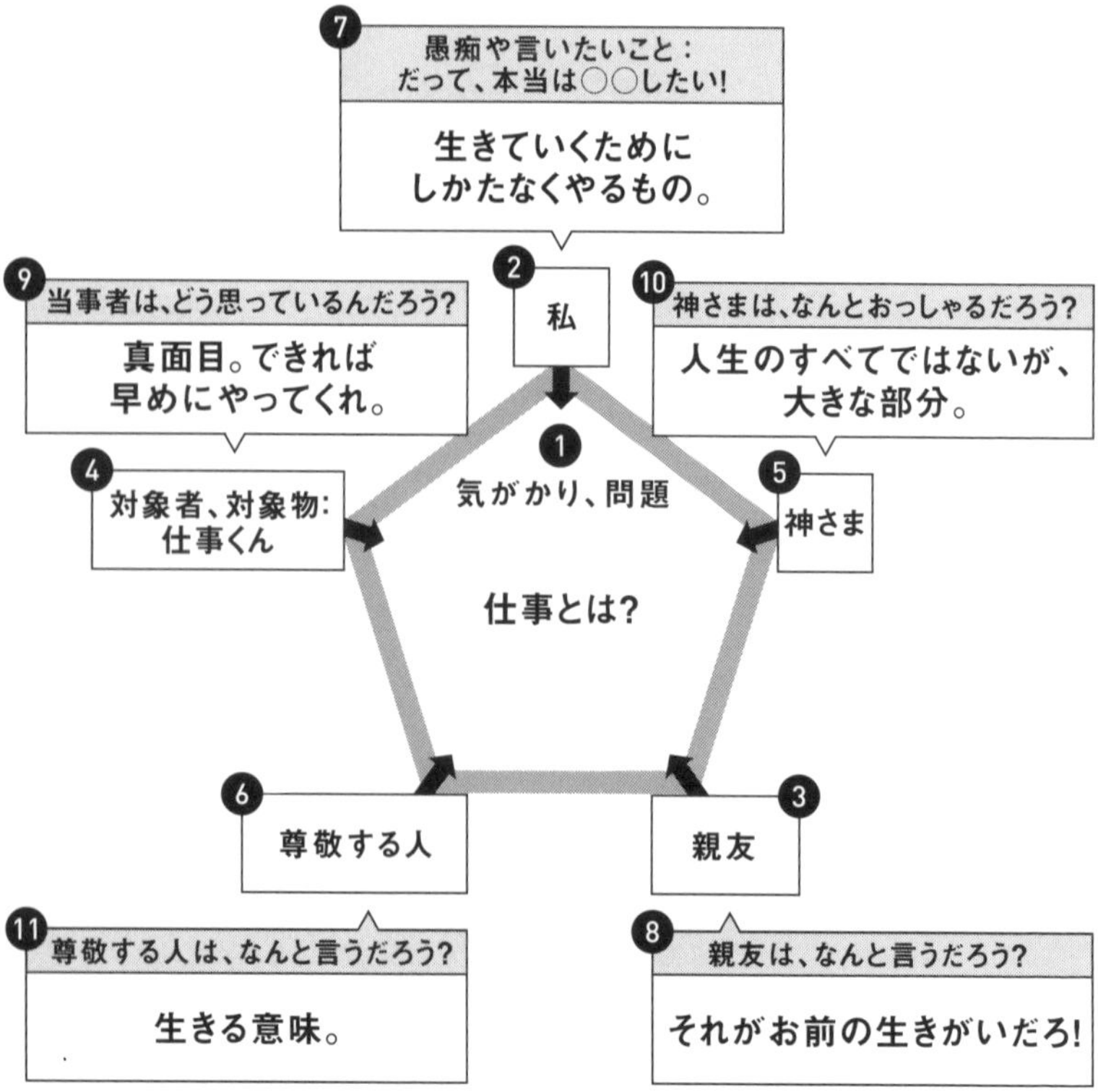

1 気がかり、問題
仕事とは?
2 私
3 親友
4 対象者、対象物:仕事くん
5 神さま
6 尊敬する人
7 愚痴や言いたいこと:だって、本当は○○したい!
生きていくためにしかたなくやるもの。
8 親友は、なんと言うだろう?
それがお前の生きがいだろ!
9 当事者は、どう思っているんだろう?
真面目。できれば早めにやってくれ。
10 神さまは、なんとおっしゃるだろう?
人生のすべてではないが、大きな部分。
11 尊敬する人は、なんと言うだろう?
生きる意味。

質問1
ワークをやりながら気づいたことは何?

自分は仕事を
いやいややってるんだなぁ……。

質問2
この気がかりや問題が今後どうなればいい?

仕事が楽しみになる。
ん? いままではどうだった?
感動があったことを思い出した!!

質問3
絶対に避けたいことは何?

お金のためだけに、
くだらない仕事をやり続けること。

質問4
さっそくやってみる最初の半歩は?

自分の仕事を振り返り、
感動した仕事を思い出し、語る。

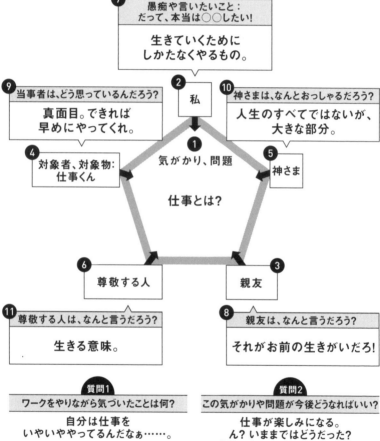

実例15 仕事とは?②

仕事が楽しい、興味深いと感じていることがよくわかるペンタゴンです。だから、いまの成功があるのですね。仕事の楽しさを長く楽しめる工夫ができそうですね。

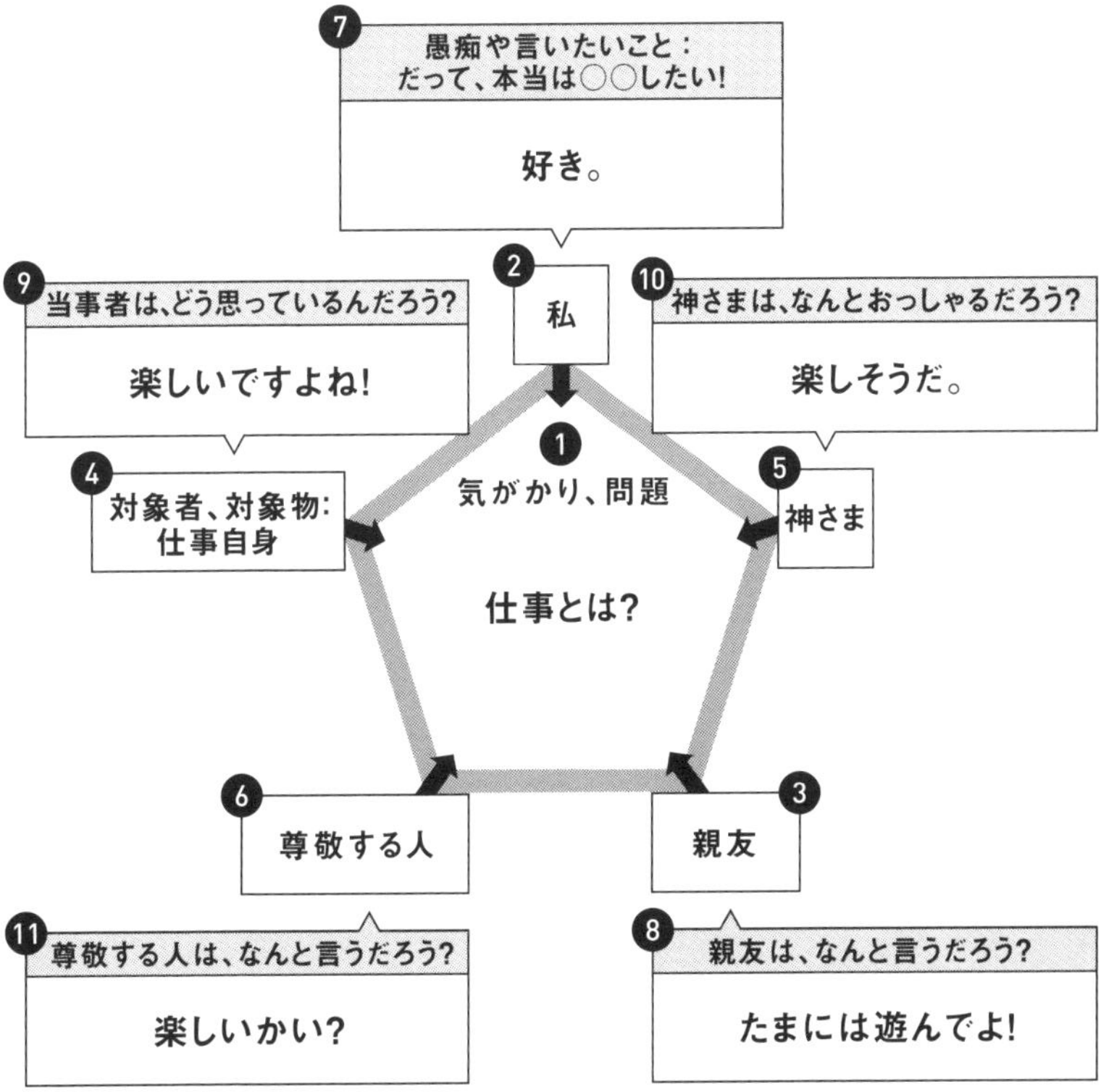
7 愚痴や言いたいこと：だって、本当は○○したい!
好き。
2 私
9 当事者は、どう思っているんだろう?
楽しいですよね!
10 神さまは、なんとおっしゃるだろう?
楽しそうだ。
1 気がかり、問題
仕事とは?
4 対象者、対象物：仕事自身
5 神さま
6 尊敬する人
3 親友
11 尊敬する人は、なんと言うだろう?
楽しいかい?
8 親友は、なんと言うだろう?
たまには遊んでよ!

質問1
ワークをやりながら気づいたことは何?
私は仕事が好き。

質問2
この気がかりや問題が今後どうなればいい?
いまのままでいい。

質問3
絶対に避けたいことは何?
仕事onlyにならないように。
仕事も本当にやりたいことだけを
できるように。そのためなら
面倒なこともちゃんとやる。

質問4
さっそくやってみる最初の半歩は?
挨拶。

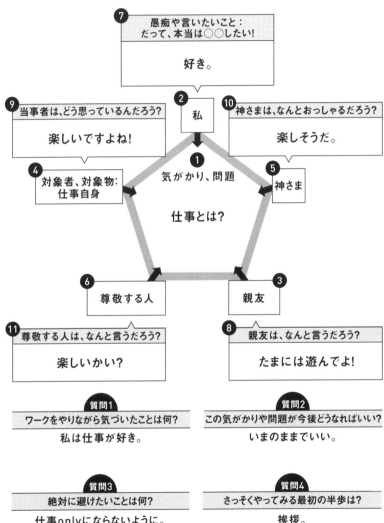

実例16 仕事とは?③

仕事が作業になってしまわないように、つねに「目的」を意識することの大切さに気づきましたね。すると、仕事のプロセスが格段に変わってくるはずです。

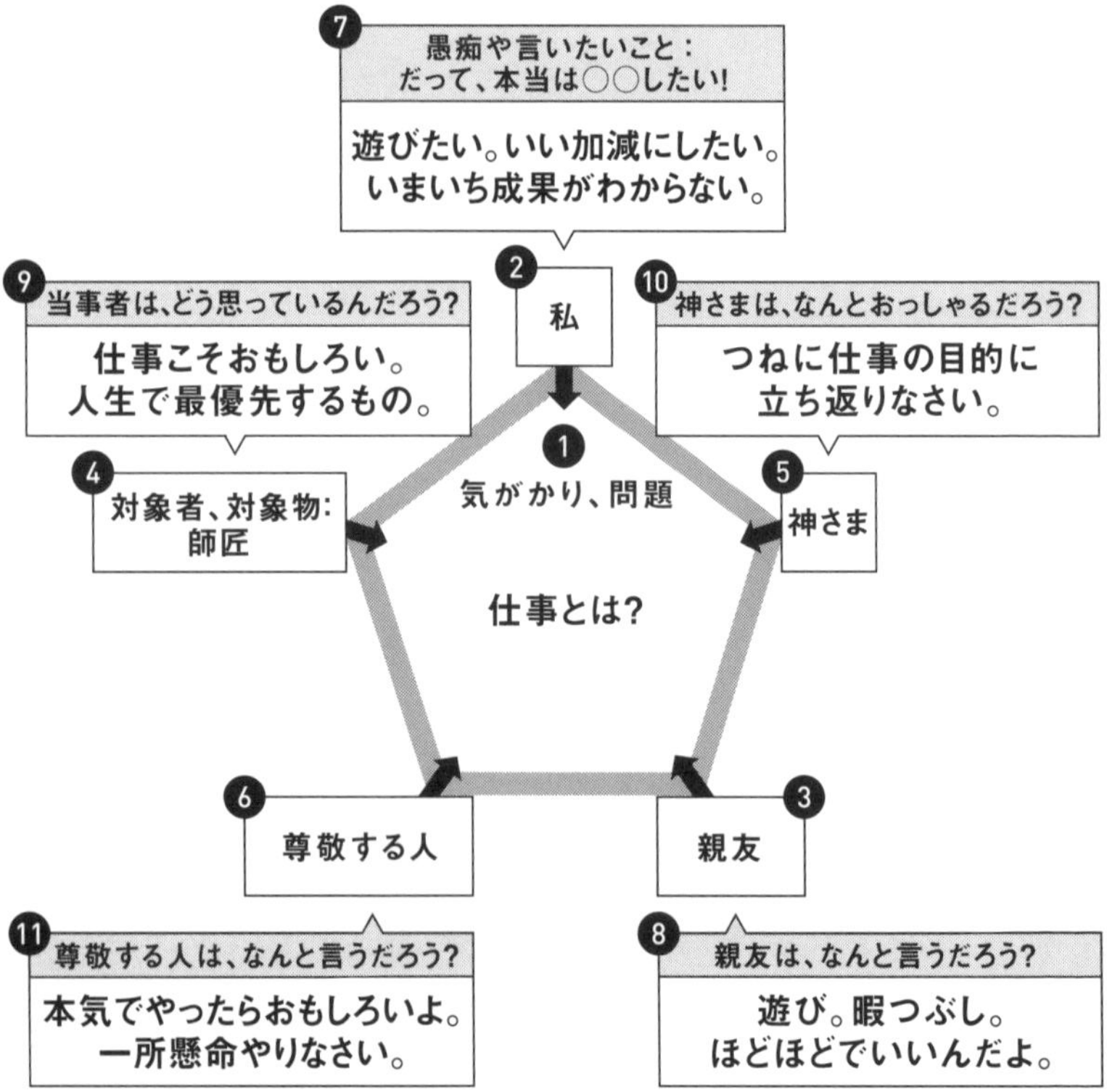

1 気がかり、問題
仕事とは?
2 私
3 親友
4 対象者、対象物:師匠
5 神さま
6 尊敬する人
7 愚痴や言いたいこと:だって、本当は○○したい!
遊びたい。いい加減にしたい。いまいち成果がわからない。
8 親友は、なんと言うだろう?
遊び。暇つぶし。ほどほどでいいんだよ。
9 当事者は、どう思っているんだろう?
仕事こそおもしろい。人生で最優先するもの。
10 神さまは、なんとおっしゃるだろう?
つねに仕事の目的に立ち返りなさい。
11 尊敬する人は、なんと言うだろう?
本気でやったらおもしろいよ。一所懸命やりなさい。

質問1

ワークをやりながら気づいたことは何?

意外にいろいろな考え方があるんだ。仕事の目的は、自分の特性を生かして、人を幸せにすることかもしれない。

質問2

この気がかりや問題が今後どうなればいい?

自分の心に従って目的を達成できるように最善を尽くしたらいいバランス。好きになればいい。恋すればいい。

質問3

絶対に避けたいことは何?

仕事一辺倒になること。周囲が見えなくなること。

質問4

さっそくやってみる最初の半歩は?

そもそも、なんのために仕事を始めたんだっけ? 何かいいものを世界につくるためじゃなかったっけ。じゃあ、自分の仕事はどうか、考えること。

実例17 仕事とは?④

仕事をこなすことと、仕事を通じて自分を発揮することは違いますね。できないことは自分のダメさを測る道具でもありませんね。もっと長いスパンで仕事を見て見ると、どうなるでしょう?

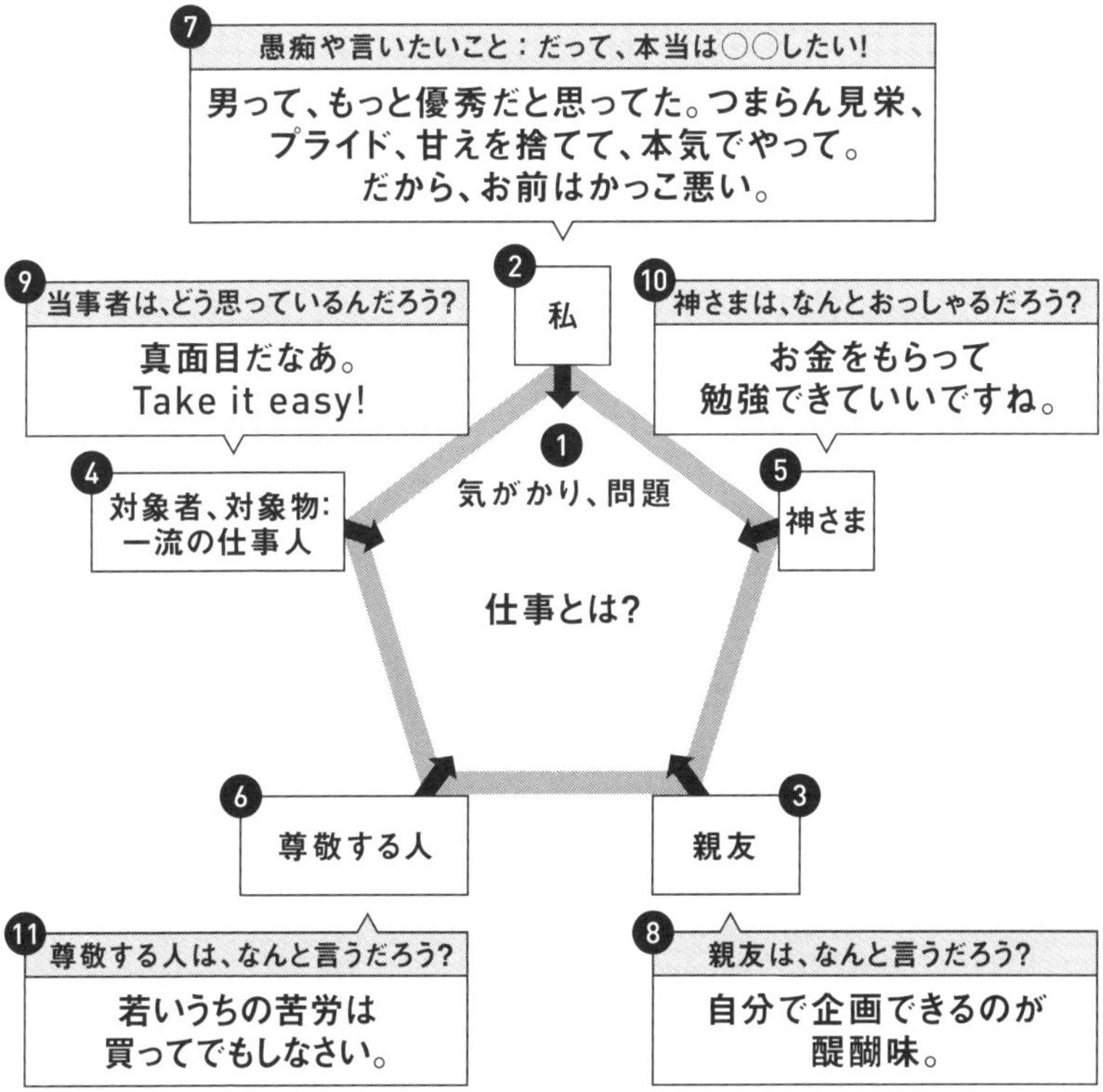

⑦ 愚痴や言いたいこと:だって、本当は○○したい!
男って、もっと優秀だと思ってた。つまらん見栄、プライド、甘えを捨てて、本気でやって。だから、お前はかっこ悪い。
② 私
⑨ 当事者は、どう思っているんだろう?
真面目だなあ。Take it easy!
⑩ 神さまは、なんとおっしゃるだろう?
お金をもらって勉強できていいですね。
① 気がかり、問題
④ 対象者、対象物: 一流の仕事人
⑤ 神さま
仕事とは?
⑥ 尊敬する人
③ 親友
⑪ 尊敬する人は、なんと言うだろう?
若いうちの苦労は買ってでもしなさい。
⑧ 親友は、なんと言うだろう?
自分で企画できるのが醍醐味。

質問1

ワークをやりながら気づいたことは何?

自分ごとにとらわれているうちは、
仕事って全然おもしろくない。

質問2

この気がかりや問題が今後どうなればいい?

自分の正しさではなく、
選んだ相手の要求に
応えられる人になりたい。

質問3

絶対に避けたいことは何?

なんでもやりすぎて、精神衛生上、
問題がある人に使われること。

質問4

さっそくやってみる最初の半歩は?

できないことが起きたときに、
自分の感情に目を向ける。
できないことを正直に、
シンプルに伝える。

おわりに
「心の声」を聞くことは、人生を変えるきっかけになる

弊社の講座を受講している受講生から報告が来ました。

前年までの赤字から大きくV字回復し、採用もうまくいって、スタッフの士気も高いそうです。

この方からのメッセージには、以下のことが書いてありました。

「思い返してみれば、講座のなかでペンタゴンワークをしたのが始まりです。そのときはおもしろいなと思っただけだったのに、ふと頭をよぎるサブパーソナリティの声が意識的に聞こえるようになったのです。それが、そもそものきっかけです。

どれだけ成長するために本を読み、アファメーションして、メンタルブロックを外すとか、いろいろセミナーに出たりして努力をしても全然変われず、自分はこのまま変われないんじゃないか？　何をやってもダメなままじゃないか……と自分を責める

ことばかりに時間を費やしていた昨年までと比べて、今年はなんという違いでしょう。『何をやってもダメ』といった自責の念こそがサブパーソナリティの声だと気づいたら、こうまで変われるとは。

考えてみると、いままでたくさんのセミナーや勉強会に参加して変わる努力をしていたのに……」

（アファメーションとは、なりたい自分にふさわしい文言をつくって何度も言ったり書いたりすることで、「肯定的な自己暗示」「肯定的な自己宣言」ともいわれています。また、メンタルブロックとは、何か行動を起こす際に、「できない」「無理だ」「ダメだ」と否定的に考えてしまう、思い込みによる意識の壁のことです）

じつは、私も同じ。**自己内対話による「解釈」の違いが、人生にこんなにも影響を与えることに気づくきっかけは、ほんの小さなことだったのです。**

弊社は創業してから四半世紀以上の時間が経過しています。振り返ると、とくに創業時は山あり谷ありでした。スタッフが長続きせず、3店舗あるのに社員が3人しかいない時期もありました。

私は「いいスタッフさえ入ってくれば……」とつねに思っていました。

しかし、ある日、3店舗を3人で必死に回しているスタッフを見ながら、「こんないいスタッフがすでにいるじゃないか」と別の解釈が生まれたのです。

こんないいスタッフに恵まれているのに、経営がうまくできないのなら、それは経営者としての私の問題だとも。

その解釈を得てからです。突然、流れが変わったのです。いいメンバーが集まり始め、会社も一気に躍進していきました。

この経験があって、自己内対話による「解釈」の違いが強い影響力を持っていることに対して、どうにかできないか……という気持ちは消えませんでした。

その後、エンプティ・チェアやジャーナリングなどを組み合わせながら実験を繰り返し、自身でやってても受講生がやってもうまくいく方法を検証してきました。

その結果、この本を書くにいたったわけです。

このように、ほんの小さなきっかけが人生を大きく変えます。

そして、**あなたにもほんの小さなきっかけがここにあるのです。**

成功していく受講生には、２つの共通する認知の変化があります。

ひとつは、「もう遅い」とあきらめていた人が、「人生には遅いということはない」という認知を持つようになること。

もうひとつは、「この程度じゃ、やってもムダに感じる」ことも「決してムダじゃない」という認知を持つようになることです。

もっと早く気づいておけば……という後悔がないわけではないでしょう。ただ、成熟していく多くの受講生は、試行錯誤しながら、「遅くはなかった」という経験や、「この程度でも十分効果がある」といった経験をすることによって、人生に有効な認知が自然と根づいていくようです。

解釈の幅を広げ、主体的に解釈を選択する。そういったプロセスそのものが、その方の人生をより輝かせていく。そして、その人の認知そのものが自然に変わってしまうのです。

ただ、いい方法を知ったとしても、半歩踏み出してみる人は、知った人のなかの2割程度の人だといわれています。80：20の法則というものがあって、成功する人は、2割程度の実際にやってみた人だといわれています。

あなたは、知ってもやらない8割か、試行錯誤しながらも成功していく2割か、どちらを選ぶのでしょう。

やってみたけど最初は不慣れで……といった失敗談を一緒に笑ったり、思いがけない成功談を一緒に分析したりできたらうれしいです。「自分に向き合い続けている」というベースを持って人生に臨んでいる者同士として。

さて、最後に、4nessコーピングクラブの会員のみなさん、本当にありがとうございます。みなさんが実践してくれなかったら、ペンタゴンワークといった業種や世代を超えた自分に向き合う方法を、これほど短期間にまとめることはできなかったと思います。この場を借りて感謝いたします。そして、人生という旅を、今後もご一緒できるのを楽しみにしております。

城《じょう》ノ石《せき》ゆかり

参考文献（順不同）

- 『フォーカシング』ユージン・T・ジェンドリン著、村山正治、都留春夫、村瀬孝雄訳、福村出版
- 『フォーカシング指向心理療法（上）　体験過程を促す聴き方』ユージン・T・ジェンドリン著、村瀬孝雄、池見陽、日笠摩子監訳、池見陽、日笠摩子、村里忠之訳、金剛出版
- 『エンプティチェア・テクニック入門　空椅子の技法』百武正嗣、川島書店
- 『僕のフォーカシング＝カウンセリング　ひとときの生を言い表す』池見陽、創元社
- 『社会心理学から見たパーソナリティ研究』木下冨雄、「パーソナリティ研究」2004年 第13巻　第1号　120-125
- 『なぜ人と組織は変われないのか　ハーバード流自己改革の理論と実践』ロバート・キーガン、リラ・ラスコウ・レイヒー著、池村千秋訳、英治出版
- 『ジャーナリングの意義とその方法』中島妃佳里　臨床心理専門職大学院紀要　2013年　第3号　21-30
- 『TAEによる文章表現ワークブック　エッセイ、自己PR、小論文、研究レポート……，人に伝わる自分の言葉をつかむ25ステップ』得丸さと子、図書文化社
- 『書く瞑想　1日15分、紙に書き出すと頭と心が整理される』古川武士、ダイヤモンド社
- 『習慣超大全　スタンフォード行動デザイン研究所の自分を変える方法』BJ・フォッグ著、須川綾子訳、ダイヤモンド社
- 『未処理の感情に気付けば、問題の8割は解決する』城ノ石ゆかり、実業之日本社
- 『リフレクティブ・マネジャー　一流はつねに内省する』中原淳、金井壽宏、光文社新書
- 『フィードバック入門　耳の痛いことを伝えて部下と職場を立て直す技術』中原淳、PHPビジネス新書
- 『マンガでわかる　仕事もプライベートもうまくいく　感情のしくみ』城ノ石ゆかり監修、今谷鉄柱作画、実業之日本社
- 『可能性療法　効果的なブリーフ・セラピーのための51の方法』ビル・オハンロン、サンディ・ビードル著、宮田敬一、白井幸子訳、誠信書房
- 『そろそろ『わたし』でいきていく』城ノ石ゆかり、アフファポリス
- 『エモーション・フォーカスト・セラピーによるうつへのアプローチ　－恥の変容に注目して－』山内志保、心理相談研究　神奈川大学心理相談センター紀要　第6号 17-29

- 『組織に必要な感情のマネジメント　「情緒的文化」は業績にも影響を与える』シーガル・バーセイド、オリビア・A・オニール著、有賀裕子訳、「ハーバードビジネスレビュー」2016年7月号
- 『「受容」の原理について　日本的リーダーシップの条件（第1報）』塹江清志、「日本経営工学会誌」1988年　39巻　3号　176-182
- 『不安型愛着スタイル　他人の顔色に支配される人々』岡田尊司、光文社新書
- 『解決指向催眠実践ガイド　本当の自分を生かし、可能性をひらくためのエリクソニアンアプローチ』ビル・オハンロン著、上地明彦訳、金剛出版
- 『限りある時間の使い方』オリバー・バークマン著、高橋璃子訳、かんき出版
- 『人は考えたとおりの人間になる』ジェームズ・アレン著、柳平彬訳、田畑書店
- 『ナラティヴ・プラクティス』マイケル・ホワイト著、小森康永、奥野光訳、金剛出版
- 『気づきのセラピー　はじめてのゲシュタルト療法』百武政嗣、春秋社
- 『わかりあえないことから　コミュニケーション能力とは何か』平田オリザ、講談社現代新書
- 『自己変革の心理学　人が変化を拒む理由は「意識下」にある』ロバート・キーガン、ライザ・ラスコウ・レイヒー著、西尚久訳、「ハーバードビジネスレビュー」2002年4月号

「ペンタゴンワーク」ダウンロード

http://4ness.com/pw/

「解釈《かいしゃく》のズレ」に気付《きづ》けば、問題《もんだい》の9割《わり》は解決《かいけつ》する
できる人《ひと》は「主観《しゅかん》」より「事実《じじつ》」で考《かんが》える

2023年3月1日　第1刷発行

著　者　城《じょう》ノ石《せき》ゆかり

ブックデザイン　小口翔平＋阿部早紀子＋後藤 司（tobufune）
本文DTP・図表デザイン　サカヨリトモヒコ
構　成　小堀真子

発行人　畑 祐介
発行所　株式会社 清談社Publico
〒102-0073
東京都千代田区九段北1-2-2　グランドメゾン九段803
Tel. 03-6265-6185　Fax. 03-6265-6186

印刷所　中央精版印刷株式会社

ISBN 978-4-909979-42-1 C0030

清談社
Publico

http://seidansha.com/publico
Twitter @seidansha_p
Facebook http://www.facebook.com/seidansha.publico